PASTORES DE C

Comentarios del libro

«Me gusta tu forma de relatar tus vivencias y eso hace que la lectura sea amena. Te abres con sencillez y consigues captar al lector. Pienso que muchos de tus lectores en más de un párrafo se verán reflejados o verán a los pastores de su iglesia y quizá los puedan comprender mejor. Me alegro de que lo hayas escrito y espero que sea de utilidad a muchas a personas que salen del seminario para ejercer el pastorado y a otros novatos que están comenzando. Siempre son bienvenidos los consejos.

También espero que sea el primero de muchos más».

Ana María García Gil
Editorial CLIE
Directora de Teukhos.com

«Por años me ha preocupado ver el aumento del síndrome del pedestal. Unos líderes han sido puestos en él por sus seguidores y ellos, sumisamente, se han dejado colocar. Otros, denodadamente han buscado o han construido el suyo propio, dando la impresión así de que son súper fuertes, no lloran, no son tentados, no se enferman, sus familias no pasan crisis, etc. Cuando leí el libro de mi amigo Alfonso Guevara sonreí, porque alguien se atrevió a desafiar el pedestal. Los pastores seguimos siendo de carne y hueso. Débiles, frágiles y también nuestro barco es bamboleado por las olas del mar tumultuoso. Es hora de que la gente nos vea como seres humanos y de que nosotros decidamos bajarnos del pedestal. El Dr. Ted Roberts, quien es mi mentor, dijo: "Al pie del calvario el terreno es plano". Eso significa que no hay cimas para nadie, todos estamos en el mismo nivel, el único que sobresale es Jesús. Tienes en tus manos un libro real de carne y hueso».

Dr. Serafín Contreras Galeano
Ministerio Internacional Renuevo de Plenitud

«¡Pude completar la lectura del texto de tu libro PASTORES DE CARNE Y HUESO! Y he de decirte que me ha encantado. ¡Es increíble la cantidad de temas que llegas a tocar en un número reducido de páginas! Pero ir al grano es una virtud en un mundo en el que la gente cada vez es menos dada a leer (o dispone de menos tiempo para ello).

Puedes imaginar que siendo hijo de pastor me he sentido muy identificado en muchos particulares. También me has llevado a recordar mucho a Rodolfo Loyola, con quién tuve el privilegio de tener una relación y amistad personal, y los libros de poemas que le editamos en CLIE. ¡Un gran hombre de Dios!

Leyendo los primeros capítulos no he podido evitar preguntarme si el modelo que tenemos de pastorado, donde el pastor pasa a ser un simple "empleado" de una congregación local, es realmente el correcto y bíblico. ¿Puede realmente un "empleado" enseñar y corregir a su "empleador", el que le paga el sueldo? Habría que hablar mucho de esto. Pero, como decimos en España, es harina de otro costal.

Toda la parte dedicada al liderazgo es excelente. Tanto se ha escrito y se está escribiendo de este tema, tan de moda, que finalmente uno se pierde. Y muchos van dando vueltas y más vueltas sobre lo mismo. Tú vas al grano, y pienso que los lectores lo apreciarán. Y lo mismo cabe decir de la parte que trata del trabajo en equipo, un resumen práctico y acertado.

Buena cosa es que logres dormir al menos siete horas para "renovarte". Te confieso que muchos ya no lo conseguimos, pero es esencial. Y por supuesto no podía faltar recalcar la importancia de la lectura para reciclarse en el ministerio. ¡Muy bien! El tema del cuidado físico del cuerpo me ha parecido muy innovador.

El capítulo sobre la Iglesia me ha sorprendido, pues de entrada parece que se aparta un poco del tema. Pero leyéndolo me ha gustado la forma en que lo enlazas con el pastorado. Lo has convertido un poco en "cajón de sastre" donde colocar toda una serie de temas que es preciso tratar, pero que serían difíciles de encajar en otros capítulos. ¡Muy bien! Y respecto al "atar y desatar"… daría para otro libro. Pues me temo que hoy en día hay más pastores evangélicos convencidos de su autoridad para "atar y desatar" que sacerdotes católicos. Se están cambiando las tornas. Y el tema sobre el hombre y la mujer en la Iglesia de nuevo, aunque parece que se aparta del hilo, resulta finalmente adecuado y relevante.

El tema sobre la familia del pastor es también muy innovador y necesario, y no he visto que se trate en muchas obras. El sermón/bosquejo que has encajado sobre las 10 cosas que debemos reconocer en un padre, es muy bueno. Y pienso que constituye (aparte de las razones por las que se incluye) todo un ejemplo de homilética que valdría la pena señalar.

El Capítulo IX es el que más me ha divertido, la idea de que muchos pastores se encuentran toreando, cuando deberían estar apacentando, es buenísima. Aunque me temo que la causa es un tanto lo que decía al principio, que el pastor tenga que ser un asalariado de la propia congregación. ¡Cuántos recuerdos me ha traído el que tu padre te llevara a evangelizar puerta a puerta! El mío hacía lo mismo. Y las experiencias muy similares.

Y la conclusión muy buena, ¡ah!, y la poesía de Rodolfo muy adecuada. ¡FELICIDADES! Un buen libro. Confío y estoy seguro que será un éxito».

Dr. Eliseo Vila
Presidente, Editorial CLIE

«"Pastores de carne y hueso" es la clara expresión del corazón pastoral de Guevara, una perspectiva personal y coloquial de un observador atento, preocupado por lo que sucede en la realidad de los ministros hispanos en el siglo XXI. El lector encontrará temas interesantes para la reflexión y el auto examen».

Miguel Ángel De Marco
Director General del Instituto Fórum
Miembro del equipo de liderazgo ReachGlobal para
América Latina y el Caribe

«En "Pastores de carne y hueso" el autor, Alfonso Guevara, rinde homenaje a humildes y ejemplares siervos y siervas del Señor, tanto de antaño como del presente. Déjame felicitarte por hacer lo que muy pocos hemos hecho, tomarte el tiempo para plasmar en un libro muchos buenos conceptos que has aprendido, con el fin de ayudar a otros en su peregrinaje en el ministerio.

Tus reflexiones revelan lo difícil del llamado pastoral y a la vez presentan pepitas de oro rescatadas del esfuerzo ministerial que nos ayudarán en la realización de dicho privilegio. Recomiendo este aporte y tributo a todos los que en "carne y hueso" apacientan a las "ovejas de pelo"».

Juan M. Vallejo, MA Supervisor
Distrito Hispano del Suroeste de la Iglesia Cuadrangular

«Te felicito por un buen trabajo. Puedes estar seguro de nuestras oraciones para que el Cuerpo del Señor utilice esta herramienta.

El título "Pastores de Carne y Hueso" lo dice todo. En el ministerio actual donde muchas veces se pinta un cuadro en que el pastor es el que lo sabe y hace todo, Alfonso Guevara ha hecho una labor muy necesitada. El autor desafía esta actitud que es tan prevalente en muchas congregaciones. Su transparencia es digna de imitar. Nos comenta tanto de sus éxitos como de sus desafíos. Esta cualidad se necesita más y más en el ministerio. Su libro es muy práctico. Se ve un dominio de las Escrituras pero que no se queda en las nubes. El lector tiene mucho material para estudiar y repasar. La autoevaluación en el libro es otra herramienta que nos desafía. Los temas, tanto personales del pastor como la congregación y la familia, son tratados de una manera reflexiva. Al conocer al pastor Alfonso Guevara por más de 25 años, puedo dar testimonio de que es un "Pastor de Carne y Hueso". ¡A Dios sea la gloria!»

Nicolás A. Venditti, Ph.D.
Presidente
Seminario Bíblico INSTE

«El libro "Pastores de carne y hueso" de mi amigo y colega Alfonso Guevara es una mina de oro para aquellos que sirven en el ministerio pastoral. En la Escuela de Formación Pastoral siempre les recordamos a los potenciales pastores y a los pastores en servicio que si hemos de terminar bien esta carrera es necesario aprender a vivir en el ministerio, y no solamente aprender a hacer el ministerio. Alfonso definitivamente pone en nuestras manos una fuente llena de sabiduría que nos ayudará a crecer y a entender un poco mejor cómo vivir y hacer el ministerio en ese equilibrio que trae salud y fruto a la vida y al trabajo pastoral».

Rev. Daniel Prieto,
Chairman de la Comisión Nacional Hispana de la Iglesia Cuadrangular, Presidente-Fundador de Conexión Pastoral y autor del libro *Trabajando en equipo*

Pastores de carne y hueso

Alfonso Guevara

El perfil de la integridad pastoral

CENTRO DE LITERATURA CRISTIANA
en países de habla hispana

Bolivia	Calle Manuel Ignacio Salvatierra 190
	NA Santa Cruz de la Sierra,
	Bolivia
Colombia:	Centro de Literatura Cristiana
	ventasint@clccolombia.com
	editorial@clccolombia.com
	Bogotá, D.C.
Chile:	Cruzada de Literatura Cristiana
	santiago@clcchile.com
	Santiago de Chile
Ecuador:	Centro de Literatura Cristiana
	ventasbodega@clcecuador.com
	Quito
España:	Centro de Literatura Cristiana
	madrid@clclibros.org
	Madrid
México:	www.clcmexicodistribuciones.com
	ventasint@clccolombia.com
	editorial@clccolombia.com
Panamá:	Centro de Literatura Cristiana
	clcmchen@cwpanama.net
	Panamá
Uruguay:	Centro de Literatura Cristiana
	libros@clcuruguay.com
	Montevideo
USA:	CLC Ministries International
	churd@clcpublications.com
	Fort Washington, PA
Venezuela:	Centro de Literatura Cristiana
	distribucion@clcvenezuela.com
	Valencia

EDITORIAL CLC
Diagonal 61D Bis No. 24-50
Bogotá, D.C., Colombia
editorial@clccolombia.com
www.clccolombia.com

ISBN: 978-958-8867-17-5

Pastores de Carne y Hueso por Alfonso Guevara

© 2016. Todos los derechos reservados de esta edición por Centro de Literatura Cristiana de Colombia.

Prohibida la reproducción total o parcial por sistemas, impresión, audiovisuales, grabaciones o cualquier medio, sin permiso previo de la casa editora. Derechos en español por Alfonso Guevara© 2015.

A menos que se indique lo contrario, las citas bíblicas son tomadas de la Santa Biblia, Versión Reina Valera, 1960 © por las Sociedades Bíblicas Unidas. Para comunicarse con el autor: alfonsoguevara777@gmail.com. La primera edición y corrección del libro fue realizada por Luis Manoukian (luismanoukian@gmail.com).

Diseño portada: Sean Allen

Edición final y Diseño Técnico: Editorial CLC Colombia

Impreso en Colombia — Printed in Colombia

Somos miembros de la Red Letraviva: www.letraviva

Contenido

Dedicatoria 11

Prólogo 13

Introducción 17

Capítulo 1 – Comunicación 25

Capítulo 2 - Aprendiendo del liderazgo de Jesús 37

Capítulo 3 - Aprendiendo del liderazgo de Moisés 47

Capítulo 4 - Aprendiendo del liderazgo de David 67

Capítulo 5 - Las competencias en el liderazgo 85

Capítulo 6 - La formación de líderes 111

Capítulo 7 - El líder sabe la importancia del
Trabajo en equipo 119

Capítulo 8 - Santidad 135

Capítulo 9 - Renovarse, Reciclarse, Refrescarse 161

Capítulo 10 - ¿Qué de la iglesia? 181

Capítulo 11 - "Yo edificaré mi iglesia" 189

Capítulo 12 - La iglesia saludable 201

Capítulo 13 - Lo que la gente busca en
una iglesia relevante 215

Capítulo 14 - La iglesia, un caballo de Troya 229

Capítulo 15 - El servicio 237

Capítulo 16 - ¿Y la familia? Bien, gracias 259

Capítulo 17 - Ovejas de pelo, no de lana 281

Capítulo 18 - ¿Qué tenían estos hombres que eran únicos? 293

Notas 301

Cibergrafía 303

Dedicatoria

A todos aquellos pastores que sirven, día a día, en la viña del Señor, que no han quitado sus manos del arado y han mantenido sus miradas en el Señor de la viña.

Siervos y siervas, abnegados y entregados de verdad a la obra de Dios en lugares recónditos, difíciles, incómodos; en la jungla y en el asfalto, en las urbes y en los páramos. Siervos y siervas invisibles y desconocidos, aunque no para Dios, que una vez que se pusieron la armadura, pelean la buena batalla y no se han dado por vencidos.

A esos héroes que están en el Salón de la Fe, que aunque no son famosos son conocidos en el Reino porque no retroceden ni claudican, sino que perseveran hasta el fin.

A esos de los cuales el mundo no era ni es digno, que tienen un verdadero compromiso con el gran Pastor; esos que no buscan fama ni gloria, a quienes les aguarda un gran galardón.

Este modesto aporte es mi tributo a todos ellos.

Prólogo

Fue Eugene Peterson en su libro "Working the Angles" (1987) quien me invitó a pensar responsablemente sobre el ministerio pastoral desde su lectura de la condición pastoral norteamericana en la década de los 80. En su aporte, Peterson acusa su preocupación por el abandono del púlpito de la pastoral evangélica. No se refería, en él mismo, al abandono de las iglesias para dedicarse a algo más, sino al abandono de su propio llamado y vocación pastoral. Mencionaba que los pastores se han ido en pos de otros dioses sin dejar necesariamente sus hábitos u oficio pastoral. El tema es seguir siendo profetas pero lejos de la presencia de Dios.

En mis frecuentes visitas a las iglesias de Latinoamérica y en los Estados Unidos, me da la impresión de que la pastoral ha sufrido una transformación, y han pasado de ser pastores a ser más bien un grupo de vendedores que maneja un quiosco de diarios o de golosinas.

Los quioscos son las iglesias donde hacemos nuestro negocio. Nos preocupa cómo mantener a nuestros clientes felices, cómo retener a los clientes miembros para no perderlos en la competencia que está en la otra cuadra o calle, y cómo empacar la mercadería para que nuestros clientes dejen más dinero. Una tremenda indignación santa me consume hasta el punto cuando recuerdo que todavía hay miles de pastores que no han doblado sus rodillas a Baal.

Es difícil pensar en tiempos más desafiantes que los que nos toca vivir hoy. Nos enfrentamos a un mundo que, en medio de la incertidumbre y desesperanza, no renuncia a su actitud triunfalista, autosuficiente y de soberbia. Lamentablemente, no son las disciplinas espirituales las que caracterizan a la pastoral contemporánea. Nos hemos alejado de una vida piadosa, profundamente espiritual, austera y de servicio para acercarnos a modelos pastorales fundamentados más bien en los estilos de liderazgo empresariales, pragmáticos y exitistas. Es claro que hoy hemos cambiado la devoción por la acción. El pragmatismo que es el padre del activismo asume que lo único real es lo visible y en movimiento ya que es lo único que produce resultados visibles.

Hoy en día da la impresión de que la pastoral evangélica ha optado por lo intrascendente y ha dejado de hacer las cosas que Dios quiere que hagamos para ocuparse en asuntos muchas veces irrelevantes a la misión de Dios y al mandato de Cristo. Nos hacemos intrascendentes al no responder a la agenda de Dios para ocuparnos en nuestros propios programas que responden más bien a buscar nuestra satisfacción, protección e intereses personales. Lo intrascendente conduce a la pastoral a concentrase en lo irrelevante perdiendo así de vista los grandes retos, las grandes causas que honran en nombre de Dios. Lo intrascendente nos desliza hacia la irrelevancia y la irrelevancia nos torna irreverentes.

Otra seducción en la pastoral hoy en día es la autosuficiencia; esto implica una tendencia a pensar en una misión sin unción. Una sobre dependencia de los recursos y aportes de las ciencias sociales y una mínima dependencia del poder y los recursos que solo Dios puede otorgar.

Por otro lado la pastoral enfrenta un gran desafío al no poder responder con propiedad a una variedad compleja de situaciones y problemas internos y externos, problemas individuales, de salud, matrimoniales, de familia, sociales, estructurales, de su entorno, de gobierno, económicos, espirituales, físicos, emocionales, por mencionar algunos, que lo enfrentan a diario en busca de soluciones concretas, haciéndolo sentir impotente y vulnerable.

Se percibe que la pastoral se ha olvidado que es de "carne y hueso" y vive una vida al máximo, sin los márgenes necesarios, hasta el punto de padecer todo tipo de males físicos, psico-emocionales y espirituales.

Hoy la pastoral sufre de soledad, depresión, aislamiento. Siente que da mucho más de lo que recibe y no logra disfrutar las cosas más simples de la vida. Tiende a descuidar su relación con su pareja, con sus hijos y sus amigos. Vive una vida sedentaria, desordenada y desequilibrada.

En resumen, en la pastoral contemporánea observamos un claro déficit formativo, comunicacional, de relevancia y una exagerada dependencia en las técnicas administrativas.

El lector está pensando "qué lectura más negativa del ministerio pastoral"; sin embargo, al ver las estadísticas que nos presenta el autor de esta obra, abrimos nuestros ojos a una realidad que al parecer es más común de lo que nos gustaría pensar.

Alfonso Guevara nos presenta una cruda realidad fundamentada en estadísticas y datos alarmantes. Estos exigen correcciones inmediatas si deseamos desarrollar una pastoral saludable que se desprenda de un verdadero discipulado cristiano.

El autor nos escribe con una transparencia total descubriendo cara a cara los aspectos que han venido afectando la tarea pastoral hoy en día. Nos abre las Escrituras para retarnos a revisar nuestra persona, nuestro llamado y nuestro oficio pastoral. Nos invita a dar una nueva mirada a nuestra vocación con la firme intención de crecer con intencionalidad y así responder con propiedad al llamado de Jesús.

Bien exhorta Pablo a los corintios para que no "demos a nadie ninguna ocasión de tropiezo, para que nuestro ministerio no sea vituperado, antes bien, nos recomendamos en todo como ministros de Dios, en mucha paciencia, en tribulaciones, en necesidades, en angustias..." (2 Corintios 6:3-4).

Obispo David E. Ramirez, D. Min
Director Ejecutivo de la Iglesia de Dios
Latinoamérica

Introducción

¿Cómo ser relevantes como pastores y líderes espirituales en esta era tan convulsionada y confusa? La realidad es que una gran mayoría de los pastores quisieran tirar la toalla. Muchos con quienes he hablado en mis viajes y conferencias a lo largo y ancho de Latinoamérica, Estados Unidos y España, están desilusionados con el ministerio. Se sienten "fundidos", frustrados y buscan una salida. En muchos casos, han sido pastores por mucho tiempo y no tienen la destreza de navegar en el mundo secular y buscar un trabajo. Otros, no pocos, han sido *bivocacionales* teniendo que buscarse "el pan" fuera del ministerio. Si tienen la posibilidad de auto sostenerse lo hacen, para no depender de la congregación, que en muchos casos ha menguado y no puede sostenerles económicamente.

El concepto bivocacional puede ser incluso un tanto ambiguo. Nuestra vocación es "hacer discípulos" dondequiera que estemos y donde funcionemos. Somos gente de ministerio. Todo lo que hagamos debe ser para ministrar y servir a los demás.

Abraham era ranchero y pastor, Moisés pastor de ovejas, Nehemías copero, David fue pastor y luego rey; Samuel era un juez, Daniel asesor y consultor, María ama de casa, Lucas médico; Pablo construía tiendas o carpas, Pedro era presidente de una flota pesquera, etc.

¿Cómo mantener una vida de equilibrio con tantos roles que desempeñar a la vez: pastor, esposo, padre, hijo, proveedor, empleado, consejero, administrador, predicador, maestro, paño de lágrimas, superhombre?

El pastor siempre debe buscar el punto de equilibrio; apuntar a un buen norte, de lo contrario corre el peligro de desubicarse o perder el rumbo. Algunos se han acomodado a su pastorado y son perennes y vitalicios; otros comenzaron con sueños y han terminado con pesadillas y tantos otros más con diferentes casos y situaciones.

Ser pastor, permítanme esta expresión, es una profesión un tanto peligrosa y lo será aún más en los años venideros, por los cambios de leyes y cambios sociales en nuestro mundo; sin mencionar la constante oposición espiritual.

Los pastores acumulan más estrés y frustración que los médicos, abogados, políticos y maestros.

Es difícil recoger datos sobre el liderazgo pastoral de nuestros colegas hispanos en los Estados Unidos y también en Latinoamérica. Las estadísticas que disponemos, a continuación, provienen de organizaciones como Barna Research, Fuller Seminary y otros. Mayormente son datos de la iglesia anglosajona y quizá dentro de eso, algún porcentaje sea de hispanos, pero la realidad del liderazgo evangélico en nuestro mundo es que está en crisis. Esto, por supuesto, también ocurre a otra escala en nuestras filas de pastores hispanos por quienes sufrimos y nos solidarizamos:

> ➢ Unos 1.800 pastores dejan el ministerio al mes, por fracaso moral, agotamiento espiritual o contiendas en sus congregaciones.

Introducción

- El 50% de los matrimonios pastorales terminará en divorcio.

- El 80% de los pastores se siente inadecuados y desanimados en su rol.

- El 50% de los pastores está tan desilusionado que si pudiera dejaría el ministerio, pero no encuentra otra manera de ganarse la vida.

- El 15% de los pastores, todos los lunes por la mañana, contempla la posibilidad de dejar el ministerio.

- El 80% cree que el trabajo pastoral (como lo entienden y ven) ha afectado negativamente a sus familias.

- El 70% dice que posee la autoestima más baja que cuando entraron al ministerio.

- El 89% declara que carecen del don de liderazgo.

- El 80% de los graduados de Seminarios y Escuelas Bíblicas que entran al ministerio lo dejan en los primeros cinco años.

- El 70% de los pastores sufre depresión constantemente.

- El 40% de los pastores encuestados dijo haber tenido una relación extramarital desde el comienzo de su ministerio.

- El 70% dijo que el único momento que se ponían a estudiar la Palabra era cuando debían preparar los sermones.

- El 70% de los pastores no tiene amigos cercanos ni personas con quienes hablar confidencialmente.

Menciono algunos comentarios que he oído y me parten el corazón:

"Es que tenemos dos cabezas en la iglesia…debe haber un solo pastor. Estamos divididos y así no podemos seguir".

"Estoy frustrado y abrumado".

"La gente no me respeta y me reta todo el tiempo".

"Mi esposa está muy resentida con la iglesia".

"Un grupito o facción me critica todo el tiempo, estoy harto".

"Me está afectando la salud", etc.

Recuerdo que hace años le mencioné a un colega en el ministerio: "A veces no sé si soy pastor o soy torero". Sin duda tus ovejas te van a retar en muchas ocasiones.

No somos Superman. ¿Recuerdas la película? Cuando Luisa Lane cae al vacío desde un rascacielos, Superman con su "súper oído" oye sus gritos de auxilio y corre a una cabina de teléfono y en segundos se despoja del traje, la camisa, la corbata, las gafas que usaba como Clark Kent y al salir es el superhéroe con la capa roja y la "ese" en el pecho. Sale volando al rescate de su amiga y en pleno vuelo la sujeta con ambas manos y le dice: "¡Te tengo!". Ella le responde preocupada: "Y a ti, ¿quién te tiene?".

Toda esta escena me hizo pensar hace tiempo en la similitud del caso del pastor que hace las veces de Superman o superhéroe: apaga un incendio aquí, resuelve ese problema allá, trata de arreglar una disputa familiar aquí, separa a dos hermanos de la iglesia que discuten por una pequeñez allá, está ayudando a pintar la iglesia y de repente lo llaman porque al familiar de alguien lo acaban de llevar a la sala de emergencias. Entonces, corre a su cabina de teléfono, perdón, a su oficina, se pone la ropa de pastor y con Biblia en mano sale al rescate; y otras miles de actividades que hace un pastor que levanta en vilo a sus feligreses y los socorre para que no "caigan al vacío". Pero la gran pregunta es: "Y a ti pastor, ¿quién te tiene?"."¿Quién te sostiene?". "¿Quién viene a tu rescate?".

Este libro es una reflexión; un humilde y sencillo aporte, de este servidor, que por años y en muchas ocasiones hizo las veces de héroe (sin el súper) con la capa y, cuando regresaba a su cabina, no había nadie para alentarlo y decirle que no estaba solo en su lucha contra el pecado, la injusticia social, la decadencia moral y la apatía espiritual prevaleciente. Y al verme en el espejo, me di cuenta de que era un hombre de *carne y hueso*; que era un mortal como todos los demás.

Espero que lo que he intentado plasmar en estas páginas sea útil en tu jornada de pastor. Perteneces a una estirpe muy especial; a un *"real sacerdocio"* (1 Pedro 2:9).

Otros datos y hechos que nos llevan a reflexionar

- muchos pastores funcionan por inercia. Hacen su trabajo por la experiencia de años.

- Hacen su trabajo por obligación y responsabilidad, pero su corazón no está ahí.

- Se desconectan emocionalmente porque no pueden más; a veces lideran en medio de un "caos organizado".

➢ Se mantienen en su puesto, como si fuera vitalicio, por el simple hecho de que no saben desempeñar otra profesión y su ministerio les brinda seguridad económica.

➢ No tienen tiempo para discipular ni entrenar a líderes en potencia porque hay muchos fuegos que apagar. Queda poco tiempo para la familia y viven confiando y diciendo: "Sacaré tiempo para los míos el mes que viene". Ese mes nunca llega…y los "suyos" van perdiendo sentido de pertenencia.

Suficiente con estas estadísticas, datos y comentarios que revelan la crisis, pues existen páginas y páginas de porcentajes que son deprimentes. Pero no todo es negativo.

El llamado al pastorado y al ministerio es lo más sublime que un hombre y una mujer de Dios pueda hacer de este lado de la eternidad. Es lo más gratificante en términos divinos, que uno pueda experimentar: Ver vidas transformadas por el poder de la Palabra y del Espíritu a través de tu ministerio y como lo has interpretado y dado a conocer, en las vidas de personas como tú, de *carne y hueso*, con las mismas pasiones, sueños y deseos, es algo que da propósito y sentido a tu vida. Ser la extensión y representación del Maestro ante Su pueblo, ante Su Iglesia, es algo difícil de explicar pero hermoso de contemplar. Conlleva un peso espiritual enorme y de proporciones inmensas, pues estamos manejando eternidad y trascendencia.

Este libro apunta a cientos y miles de colega, hombres y mujeres en el ministerio que fielmente, domingo tras domingo, se ponen detrás de un púlpito para ser los oráculos de Dios; que día tras día hacen la obra del ministerio sirviendo a Su pueblo. Me refiero a esos héroes de la fe que no tienen nombre, no tienen fama, pero son la espina dorsal de la obra de Dios en todo lugar. Siervos y siervas de Dios que acuden al llamado de sus ovejas en peligro de divorcio, de abuso, de enfermedad, de necesidad de consejo. Hombres y mujeres de Dios que pasan tiempo con el Señor de la obra, que poseen una carga auténtica por lo que Cristo empezó hace dos mil años.

Me refiero a esos hombres y mujeres comprometidos con extender el Reino, que no buscan fama ni gloria. Este tipo de pastores pertenece a un linaje muy especial. Lo sé porque los he encontrado en barrios de grandes ciudades, en pequeños pueblecitos rurales, en lugares recónditos en medio de tribus indígenas; en vecindarios de todo tipo de clases sociales y económicas.

Me quito el sombrero ante este ejército de pastores que en su gran mayoría necesita buscar el sustento para su familia en trabajos diferentes a tiempo completo, de lunes a viernes, para luego atender a los necesitados en sus "horas libres".

1
CAPÍTULO

COMUNICACIÓN

Quiero dedicar el primer capítulo al tema de la comunicación en el pastor y ministro evangélico. Dios eligió nuestro intelecto, nuestras aptitudes, y todas las capacidades involucradas en el arte de la comunicación, para llevar el mensaje de forma clara. El evangelio ha de ser comunicado con excelencia, contundentemente y sin tapujos.

Cristianismo *Light*

Se está comunicando un evangelio a medias; una especie de "Cristianismo Light" sin calorías y sin garra; aguado, diluido en asuntos triviales y poco consistentes de teología nula o pobre.

Por años he viajado por Latinoamérica, principalmente por trabajo, y también por el ministerio. He estado en el giro de la distribución de literatura evangélica por más de veintidós años. En nuestros países hispanos a la Coca Cola dietética la llaman "Coca Light", de ahí la idea de un "Cristianismo Light", ligero en calorías y en sustancia.

Mi trabajo en diferentes editoriales, y un sello discográfico en su tiempo, ha sido en su mayoría como Director de Ventas y Marketing. En muchos casos se utilizan las mismas "técnicas" de ventas y promoción que las empresas seculares y mercantilistas. Primero, el enfoque es el *consumidor*. Segundo, el *producto*; esto es: lo que quiere la gente. Para ese motivo se estudian las tendencias de compras y los diferentes tamaños de bolsillos. A eso se añade la presentación, es decir, la manera en que se empaca el producto. Y seguido, la publicidad que apunta a crear la necesidad de que dicho producto esté en el radar de la mayor cantidad de consumidores posible. Tercero, el *merchandising*, que es situar o posicionar el producto de una manera estratégica, ya sea al lado de la caja registradora, por las compras de impulso o en otros lugares importantes del piso de venta y exhibición.

Siempre he oído "el mantra de las ventas": "Hay que darle al cliente lo que quiere". ¿Cómo se traduce eso? Ya no es suficiente un Jeep, vamos a darle un "tanque con ruedas", un Hummer. Ya no es suficiente un CD con 17 canciones, vamos a darle un iPod con capacidad de veinte mil canciones, o incluso mejor, acceso a iTunes con música ilimitada. ¿Pantallas de alta definición detrás de los asientos de los automóviles para entretener a los más pequeños? ¡Hecho! ¿La gente quiere más carne en la hamburguesa? ¡Hecho! ¡Le ofrecemos un *Whopper* doble! ¿No puedes ver bien los goles de la final de la copa en tu pantalla? ¡Hecho! Ahora te brindamos la pantalla de alta definición de 80 pulgadas, ¡pero vas a necesitar una pared más grande!

Esta mentalidad de *consumismo* se ha filtrado en la iglesia, porque el razonamiento es atraer a los consumidores, no ahuyentarlos. Por ejemplo: ¿La reunión del domingo es muy larga? ¡La acortamos! ¿El mensaje es muy largo? ¡Lo hacemos más corto! ¿La reunión es muy formal y tradicional? ¡Ven en pijamas! ¿La reunión o el culto son muy anticuados? ¡Lo cambiamos a un estilo contemporáneo! ¿El mensaje es demasiado directo, muy fuerte, confronta mucho? ¡Lo ajustamos, le bajamos "intensidad" para que sea más "cómodo" y políticamente correcto!

No me malentienda. La iglesia sí tiene que ser relevante a la cultura predominante, si queremos apelar al inconverso y llegar a la gente que no pondría un pie en la iglesia, a no ser que "hablemos el mismo idioma". Pero la iglesia no es un café ni un club social del tipo Starbucks, aunque puede incluir todos esos elementos como puntos de conexión, pero no deben ser el centro de atracción.

Es como si el enfoque estuviera en ofrecer un cristianismo que no llena mucho y que no alimenta. ¿Cuál es el problema? No satisface porque le han quitado la esencia del evangelio. Está fabricado, producido por hombres y no por Dios. Es un evangelio "endulzado" con azúcar artificial. Te dan un caramelo pero solo te dura un rato, te hace eufórico pero no te alimenta. Es un evangelio de "autoservicio" que dice "ven, sírvete lo que te guste".

Me pregunto, ¿qué pasó con el evangelio de abandonarnos al Señor, de negarnos a nosotros mismos? ¿Qué pasó con la palabra sacrificio?

Somos testigos del mensaje que se está comunicando por los medios, en la televisión, la radio, conferencias, publicaciones, etc.: es un *triunfalismo* y una especie de *excepcionalidad* que está atravesando la iglesia. Es un mensaje motivacional (no malo en sí) pero sin sustancia ni base bíblica. Frases como esta identifican ese triunfalismo: "No hay límites a lo que puedes hacer", "Tienes la capacidad y estás preparado para conquistar el mundo", "Si te lo propones, lo puedes lograr", "Confiésalo, que es tuyo", "Eres único, no hay otro como tú", etc. Son fórmulas "mágicas" de los "adivinos" entre nosotros que no funcionan, no son de Dios.

Dios declara lo siguiente en Jeremías 29:8-9, "*Porque así ha dicho Jehová de los ejércitos, Dios de Israel: No os engañen vuestros profetas que están entre vosotros, ni vuestros adivinos; ni atendáis a los sueños que soñáis. Porque falsamente os profetizan ellos en mi nombre; no los envié, ha dicho Jehová*". No dependemos de fórmulas sino de Dios.

Recuerdo haberle escuchado a uno de estos predicadores de la tele, que era visto por toda Latinoamérica, la siguiente frase: "¡el mundo se identifica con los más débiles pero nosotros no! Tenemos que identificarnos con los vencedores. Es más, si ven a dos peleándose en la calle, identifíquese con el vencedor. ¡Proseguimos al blanco! ¡Somos vencedores!". Todo esto es un evangelio diluido. ¿Qué estamos comunicando al mundo? Creo que hay mucha irresponsabilidad en muchos líderes y pastores de la pantalla chica, que no rinden cuenta a nadie y dicen auténticas barbaridades en nombre del evangelio.

Notamos una decadencia tremenda en la exégesis bíblica, pero sobre todo en la hermenéutica, en muchos predicadores. Al tener una mala y equivocada interpretación de las Escrituras hacen que sus audiencias reciban esa deficiencia y el traducir eso en sus propias vidas, trae como resultado un evangelio diluido y débil. Por ende, también hay mucha falta de hermenéutica cultural, esto es, saber leer e interpretar lo que está ocurriendo a nuestro alrededor y nuestro mundo posmoderno. Se trata de tener una cosmovisión correcta y más amplia; pero esto lo desarrollaré más adelante.

En el pasaje de Mateo 16:21-26 vemos que Pedro quería convencer a Jesús para que siguiera "otro evangelio". Esta palabra sigue vigente para nosotros, también como pastores y líderes. Estamos aquí para honrar a Cristo y no para que Cristo tenga que honrarnos. Continuamente debemos morir al yo y descartar la tentación de exaltarnos. Esto no ha cambiado: Primero, necesito negarme a mí mismo. No seguir al viejo hombre, sino seguir el nuevo que Cristo ha creado. Segundo, necesito tomar mi cruz y no olvidar que represento a Cristo donde quiera que vaya. Tercero, seguirle hasta al fin, todos los días, por el resto de mi vida.

Este mensaje no es "Cristianismo Light", esto no es buen "marketing" para alcanzar un cristianismo de comodidad.

La importancia del mensaje central del Evangelio

Se está comunicando hoy un mensaje del Evangelio donde todo es felicidad; un camino de rosas, donde Dios es una especie de genio de la lámpara que nos concede deseos y antojos; una vida libre de dolor, de penas, de problemas y en la que se nos induce a querer y a pedir siempre más y más.

Todo esto termina abaratando el mensaje del sacrificio de Cristo en la cruz. Pero recuerda, no hay corona sin cruz. Queremos la corona sin la cruz. Queremos el domingo de resurrección pero no el día de sufrimiento y de la muerte en la cruz. El verdadero mensaje del evangelio no es popular. ¡Que no se nos olvide que el mensaje no es nuestro, es de Dios, viene de parte de Él!; nosotros tan solo somos los mensajeros. Y es precisamente a través de este medio que Cristo salva. Por eso ni se nos ocurra cambiar o moderar el mensaje.

> El verdadero mensaje del evangelio no es popular. ¡Que no se nos olvide que el mensaje no es nuestro, es de Dios, viene de parte de Él!; nosotros tan solo somos los mensajeros. Y es precisamente a través de este medio que Cristo salva. Por eso ni se nos ocurra cambiar o moderar el mensaje.

El mensaje nunca cambia; de hecho ha sobrevivido dos mil años sin nuestra ayuda. No se trata de que el énfasis sea una buena producción y montaje de la reunión del domingo, sino que la Palabra de Dios debe ser central. Más adelante puedes leer en el capítulo XIII, "Lo que la gente busca en una iglesia relevante", en el primer punto, hablo del "sermón" y la importancia del mismo.

Siete aspectos importantes del mensaje

1. La esencia del mensaje es lo "*que habéis oído desde el principio*" (1 Juan 3:11). El mensaje es la opinión de Dios, no la nuestra, y es la única que cuenta"...*pero mis palabras no pasarán*" (Mateo 24:35b).

Comunicación

2. La verdad del mensaje ofende. Es ofensa para el mundo. *"Porque la palabra de la cruz es locura a los que se pierden...para los gentiles locura..."* (1 Corintios 1:18-25).

3. El costo del mensaje: la verdad duele. Las tribulaciones que sufrió el apóstol Pablo por causa del mensaje son evidencias del costo. *"en el cual sufro penalidades, hasta prisiones..."* (2 Timoteo 2:9).

4. Los mensajeros deben llevar el mensaje. Muchos dieron sus vidas por el mensaje.

5. No se puede comprometer la verdad del mensaje. Nadie puede cambiar el mensaje. *"Y si alguno quitare de las palabras del libro de esta profecía, Dios quitará su parte del libro de la vida..."* (Apocalipsis 22:19).

6. El desafío del mensaje es que tienes que hacer algo con lo que predicas: ¡Vivirlo! *"...para mí el vivir es Cristo..."* (Filipenses 1:21) ¡Defenderlo! *"...y estad siempre preparados para presentar defensa* [apología]*..."* (1 Pedro 3:15).

7. Hay un solo mensaje. No hay otro evangelio. *"No que haya otro* [evangelio]*"* (Gálatas 1:7a).

En la introducción de la carta de Pablo a Tito, el apóstol establece algo tan crucial y relevante entonces, y cuánto más para hoy: "Pablo, siervo de Dios y apóstol de Jesucristo, conforme...al conocimiento de la verdad...manifestó su palabra por medio de la <u>predicación</u> que me fue encomendada...".

La importancia y el énfasis de la predicación en el ministerio de uno que ha sido llamado a comunicar las verdades del evangelio en el contexto de la iglesia, es evidente:

Predicación es proclamación.

Predicación es exposición.

Predicación es convicción.

Predicación es exaltación.

Predicación es dirección.

Predicación es conexión.

Predicación es proyección.

El profesor Richard L. Mayhue dijo: "La autenticidad de la predicación bíblica se empaña de modo significativo debido a que los comunicadores contemporáneos están más preocupados por la relevancia personal que por la revelación de Dios" (*El redescubrimiento de la predicación expositiva*, La Predicación, por John MacArthur, Nelson).

En otra ocasión el apóstol dijo "*Ay de mí si no anunciare el evangelio*" (1 Corintios 9:16). Esto es algo que le fue encomendado, como lo indica Pablo en Tito 1:3.

Pero algunos hacen el ridículo predicando.

Otros dan pena por la falta de preparación y conocimiento.

Otros usan la muleta o excusa de decir que el Espíritu les indique o dicte en ese momento lo que han de proclamar, sin haber estudiado y preparado el mensaje.

Te aseguro que el Espíritu Santo no podrá usar nada que no hayamos "depositado" en nuestra mente y espíritu mediante la Palabra de Dios. Dios no nos ha llamado a ser mediocres en nuestra comunicación del evangelio. Otros, también están desconectados de su audiencia y entorno. Se lanzan a hacer oratoria sin conocimiento previo del lugar: todo lo que tiene que ver con la cultura predominante, tendencias, idioma, coloquialismos, costumbres, etc. Yo, en mis años novatos de predicador cometí errores de comunicación usando palabras que en otras culturas tenían y tienen un significado diferente y en algunos casos obscenos desde el punto de vista de la cultura urbana o callejera.

Unos predican con la cabeza y otros solo con el corazón. Lo ideal es predicar con la cabeza y el corazón juntos. En la comunicación del evangelio, cuando unes el buen conocimiento y la pasión junto a la imprescindible unción del Espíritu Santo, el efecto es contundente. La disyuntiva a veces es que unos tienen "función" pero no tienen "unción".

¡Qué importante es la comunicación del mensaje! El pastor y escritor Andy Stanley escribió: "La atención y retención, se determina por la presentación y no por la información".[1] (*Communicating for a change*, Stanley & Jones, Multnomah).

El "cómo" del mensaje es tan importante como el "qué". Se ha hablado mucho sobre cuánto tiempo debe predicar o enseñar el pastor. Las nuevas escuelas y tendencias apuestan cada vez a menor tiempo. En algunos círculos e iglesias predican de quince a veinticinco minutos como máximo. La razón que dan es el tiempo de atención de las nuevas audiencias. El mensaje tiene una competencia formidable de los videos, la música, los anuncios, alguna corta representación teatral, algún especial, etc., y el tiempo de la predicación y la exposición de la Palabra se restringen aún más.

Y como bien dice Stanley, la clave es poder conectar con la audiencia, pues si logramos eso, el tiempo pasa corriendo sin que se den cuenta. No es cuestión de la capacidad de atención de la audiencia sino de nuestra capacidad y habilidad de comunicar, lo que mantendrá a la audiencia atenta y conectada.

Consejos para un comunicador

En una charla que dio mi amiga y conferencista Sonia González –experta en comunicación– a unos empresarios en Miami, tomé las siguientes notas y consejos que me parecen muy relevantes para todos los que somos comunicadores del mensaje, que debemos tomar en cuenta.

ÁNIMO: Es importante la presencia de ánimo en la voz del comunicador. Debe estar presente en todo lo que dice.

GANAS: Es ese deseo de conquistar el mundo en todo lo que comunica. Existe un dicho popular entre los hispanos de origen mexicano en Estados Unidos: ¡Échale ganas! En verdad hay que tener ganas para comunicar.

SEGURIDAD: ¡Qué importante es transmitir seguridad en nuestra comunicación verbal! ¿Qué transmites en tu comunicación? Que no te tiemble la voz a la hora de la verdad cuando estés enfrente de una audiencia visible o invisible (cibernética o por TV).

ENERGÍA: Infundida y contagiada con las palabras y mensajes. No es energía mística. Se trata de proyectar una fuerza de voluntad en lo que comunicamos.

FUERZA INTERIOR: Que refleja y logra conexión inmediata. Comunicación es conexión. Es hacer *clic* con otras personas. Es un clic interior; ese algo que se enciende en nosotros, acaso esa chispa que nos impulsa a abrir el corazón y la boca. Es proyectar convicción y persuasión.

ASERTIVIDAD: Imprescindible para decir "sí" y "no". Esto es dominio propio. Controlar las emociones. Es colocar límites. Lograr el equilibrio.

INTELIGENCIA EMOCIONAL Y ESPIRITUAL: Que nos ayuda para saber de qué estamos hechos. Sonrisa sincera. Calidez.

El Señor Jesús sabía la importancia de la buena comunicación en el mensaje, y nos dio claros ejemplos de cómo hacerlo. Él involucró siempre historias, relatos, preguntas, analogías; utilizó diversos escenarios para comunicar Su mensaje; entendió a Sus oyentes y sintió compasión de ellos; se interesó porque aplicaran Su enseñanza y comprendió la importancia de estar frente a ellos, pero mayormente entendió la prioridad de estar a solas, en la intimidad con el Padre, para poder comunicar un mensaje transformador.

> No es cuestión de la capacidad de atención de la audiencia sino de nuestra capacidad y habilidad de comunicar, lo que mantendrá a la audiencia atenta y conectada.

CAPÍTULO 2

APRENDIENDO DEL LIDERAZGO DE JESÚS

La palabra "liderazgo" se ha usado más que nunca en los últimos quince años. Se la usa muchas veces como a un balón de fútbol pateándolo de aquí para allá, pero no muchos entienden a cabalidad su definición, ni su verdadero sentido. Piensan del liderazgo como el hecho de haber llegado a una cumbre; lo ven como un lugar o un puesto; como algo logrado por el esfuerzo propio.

En realidad, ¿qué es *liderazgo*? ¿Qué conceptos tenemos de liderazgo? Para muchos es autoridad, poder de decisión, etc. Todos podemos definir este concepto. La definición más certera, concisa y precisa que he oído es: "Liderazgo es un *proceso de influencia*". ¿A qué me refiero y qué significa eso?

Amplío y explico la definición: *Cada vez que trates de influenciar las ideas y las acciones o comportamiento de otras personas para lograr las metas y objetivos de sus vidas personales o profesionales, estás "haciendo liderazgo".* Por lo tanto, liderar, es más que un concepto, idea o posición; liderazgo es en realidad una acción, un verbo. Permíteme enfatizar la expresión *"haciendo liderazgo".* La idea acerca de que liderazgo entre en acción (hacer) lo trataré más adelante de una manera pragmática, no tan conceptual.

Hablando de "influencia", los tres consultores de un líder cristiano son: El Padre, Autor de la vida; el Hijo, quien vivió esa vida y el Espíritu Santo quien maneja y dirige las operaciones diarias de la vida.

Esto quiere decir que contamos con "tres en uno". Para entender esto en nuestro contexto, ¿quién no ha sentido el ataque del enemigo en su vida, en su ministerio, en su familia? ¿Quién no ha sentido la enorme presión que el ministerio exige tantas veces y siente como que lo ahoga, que lo asfixia? Estas son preguntas retóricas, ya lo sé, porque todos nosotros lo hemos experimentado en diferentes medidas y momentos de nuestra vida.

Pero no estamos solos en nuestro peregrinaje ministerial. Los líderes sufrimos de soledad; este viene con la asignación. En esos momentos de soledad que estamos más vulnerables, vamos a sentir las acechanzas del enemigo en diferentes direcciones y formas. Es ahí, precisamente, donde necesitamos echar mano del Señor una vez más.

Un pasaje que me consuela en extremo, cuando pienso en la influencia de Dios en mi vida y en cuánta cabida le doy al Señor para que obre esa influencia en y sobre mí, es el Salmo 46. En este pasaje hay mucho para mí como hijo de Dios pero también como siervo suyo. Presta atención al versículo 1: *"Dios es nuestro amparo y fortaleza..."* Fíjate como comienza: "Dios", que en el original es *Elohim* y significa "tres en uno".

La Trinidad: Dios el Padre, Dios el Hijo y Dios el Espíritu Santo. Esto significa que el enemigo para llegar a mí tiene que pasar por los tres: ¡El Padre, el Hijo y el Espíritu Santo!

Cuando entiendo esto y me aferro al ancla de la Palabra con esta promesa y declaración entonces entiendo y me abro a la influencia de Dios *Elohim*, "tres en uno", en ese momento cuando soy vulnerable. Permíteme esta transición.

Aunque esto suene muy gastado y como cliché, Jesucristo sigue siendo nuestro modelo de liderazgo. Necesitamos repasar una y otra vez Su vida, desde que estaba en el templo discutiendo las verdades de la Palabra con los eruditos, hasta las caminatas a orillas del Mar de Galilea con los discípulos, dándoles cátedra, y también estando colgado de la cruz, dando directrices a los condenados y a los más cercanos.

Suelo leer libros de liderazgo no solo de autores evangélicos como Bill Hybels, Wayne Cordeiro, John Maxwell, Andy Stanley, etc., sino también de autores seculares que me dan una perspectiva diferente como Peter Drucker, Jim Collins, Richard Branson, Marcus Buckingham y John Kotter, entre otros. En muchos casos los autores son muy prácticos y llenos de sabiduría humana, que también necesitamos aplicar pragmáticamente; pero Jesús sigue siendo ese atractivo y carismático líder como ningún otro y merece un estudio constante de Su *modus operandi* con aquellos que fueron directamente influenciados por Su persona, prédica, pasión, perseverancia, pureza, poder y posición.

Jesús el líder por excelencia

Su Persona

Los "yo soy" de Cristo fueron cruciales para Su liderazgo. No solo transmitía quién era, sino lo que cada una de esas facetas hacía por aquellos que se mantuvieron cerca de nuestro líder singular y único. El Dios encarnado; la misma persona de Dios en "*carne y hueso*". Esto no era un asunto fácil de procesar ni entender, pero ahí estaba: asequible, tangible, palpable, personal. Jesús era una persona; tan humano que pudo conectarse con el resto de los mortales porque vivió como nosotros (Juan 1:14).

Su Prédica

El Sermón del monte es La Carta Magna que Jesús dejó a Sus discípulos; a todos nosotros. Su predicación fue crucial para entender Su liderazgo en relación con Sus discípulos. Sí bien es cierto que hablaba a las multitudes, se concentró en este pequeño grupo de doce hombres. Al final de Su majestuoso sermón en Mateo 7:28-29 dice: "Y cuando terminó Jesús estas palabras, la gente se admiraba de su doctrina; porque les enseñaba como quien tiene autoridad..." (subrayado añadido).

Aquí hay dos aspectos esenciales de Su prédica: Su doctrina y Su autoridad. Marcos también nos dice en el capítulo 1:14-15: "... Jesús vino a Galilea predicando el evangelio del reino de Dios, diciendo: El tiempo se ha cumplido, y el reino de Dios se ha acercado; arrepentíos, y creed en el evangelio".

Jesús vino predicando el evangelio; las buenas noticias del reino de Dios, en el tiempo de Dios, en y con la autoridad de

Dios (Reino); con la cercanía del dominio de Dios que había entrado en escena, confrontando el pecado con la necesidad de arrepentimiento y poniendo la fe en el mensaje de Dios.

Jesús conectaba con la gente al hablar su idioma; al hablar de sus necesidades, preocupaciones e intereses. Conocía a Su audiencia. Jesús llenaba las necesidades de ellos para después hablarles de la verdad. No se guardaba la verdad. La exponía y la presentaba.

La gente no determina el mensaje de la verdad. La verdad del mensaje determina lo que la gente va a oír. El predicador, el mensajero les da la verdad aunque duela y ofenda.

Su Pasión

Jesús era verdaderamente apasionado en todo. Lloró por Su amigo Lázaro. Lloró por la ciudad de Jerusalén y todo lo que allí estaba sucediendo. En el templo volcó las mesas de los cambistas y los echó fuera. La conversación con Pedro, luego que este lo había negado tres veces, fue intensa. También la conversación con Poncio Pilato cuando le dejó muy en claro en ese momento de su pasión y sufrimiento: *"Mi reino no es de este mundo"*. Las siete declaraciones en la cruz fueron muy intensas y emitidas con una pasión increíble, no solo por el cansancio y sufrimiento físico, sino por la convicción y el profundo significado de cada una de ellas.

Su Perseverancia

Jesús era imparable. En Marcos 1 vemos cómo transcurrió un día cualquiera en la vida del Maestro. Se levantó a orar al Padre cuando aún estaba oscuro. Fue a la sinagoga a ministrar liberación y a enseñar doctrina. Fue a casa de Pedro, oró por su suegra enferma y la sanó. Llegó la noche y seguía ministrando y orando por los enfermos y echando fuera demonios. Era incansable.

En otra ocasión, cuando los discípulos creían que iban a tener un descanso, les dijo *"crucemos al otro lado"* y no fue precisamente un crucero de confort... Luego le oyeron decir: *"me es necesario pasar por..."*.

Su Pureza

"Dejad que los niños vengan a mí" denota una pureza y transparencia inigualables. Un líder que es amable y respetuoso con los niños, es un líder digno de confianza.

¿Qué diremos de su encuentro con la mujer samaritana? Ella vio en Él pureza, ¿cómo un hombre común se dirigía a ella, a solas, en un lugar público como el pozo? ¡No había morbo en Él! Él era un líder que infundía confianza en las mujeres porque sabían y sentían que era respetuoso y no las veía con "rayos equis"; esto es y hace un verdadero líder; es confiable.

Su Poder

"Si eres el Hijo de Dios, baja y destruye a todo el mundo" (paráfrasis mía): El malhechor estaba diciendo una gran verdad. Jesús contaba con ese poder, podía hacerlo, pero el propósito de Su vida era más importante que Su poder en ese momento. Nunca hizo uso de este para manipular a nadie. Jamás abusó de su poder como líder. *"Toda potestad me es dada en el cielo y en la tierra".*

Sabiendo quién era Judas y lo que haría, y pudiendo eliminarlo, no usó Su poder de convicción ni Su poder intrínseco, solo usó el poder del amor.

"Pero recibiréis poder cuando haya venido sobre vosotros el Espíritu Santo"; *"y sopló en ellos..."*. Jesús nos da de Su poder espiritual al impartir el Espíritu Santo a todo aquel que cree.

Su Posición

En Filipenses 2:7 vemos el principio de *"kenosis"* que siendo Dios no dudó en venir y hacerse como uno de nosotros. Se encarnó, esto es algo sublime. No era "hacerse menos" sino "hacerse más" al "vaciarse", al limitarse a ser como uno de nosotros para poder lograr la redención. No podía llegar a donde estábamos ni alcanzarnos si no se hacía como uno de nosotros. Jesús es el ejemplo misional supremo. (Para ahondar más puedes recurrir al *"Comentario Expositivo de Nuevo Testamento"* p. 1.145, Ernesto Trenchard, CLIE / También, *"The Expositor's Bible Commentary"* Phillipians p. 123, Frank Gabelein, Editor, Regency Reference Library).

Sin duda, como líderes tendremos que "vaciarnos" de mucho de lo que proviene de nuestra posición, para poder conectarnos con aquellos a quienes servimos y queremos llegar.

"Está sentado a la diestra del Padre" y *"Yo y el Padre uno solo somos"* son declaraciones que denotan la posición de Cristo en relación con Su deidad.

Sabía cuál era Su posición, mas nunca intimidó a nadie humanamente hablando; solo al diablo y en especial en ese encuentro en el desierto donde este trató de hacer que el Señor usara y abusara de Su posición y condición.

> Jesús sabía cuál era Su posición, mas nunca intimidó a nadie humanamente hablando; solo al diablo y en especial en ese encuentro en el desierto donde este trató de hacer que el Señor usara y abusara de Su posición y condición.

La Palabra: el manual del líder cristiano

La Palabra de Dios, sigue siendo nuestra guía; nuestro manual de liderazgo, aunque tengamos un sinnúmero de libros en nuestras bibliotecas particulares, de corte cristiano y seculares, sobre este tema.

El quid de la cuestión es que si logramos vivir estos principios bíblicos de liderazgo en nuestras iglesias, organizaciones, negocios y en nuestros hogares, sin duda, haremos sonreír al Señor Jesús.

El Señor ha estado mal representado, en ocasiones, por un liderazgo cristiano desubicado y egocéntrico. Es hora de poner al Señor en el centro de nuestro liderazgo. Su mensaje de la Palabra a Sus seguidores es claro: el liderazgo es, ante todo, un ACTO DE SERVICIO; y eso aún no ha cambiado.

Hace tiempo leí sobre el Primer Congreso Continental en 1775, en el que los líderes de las colonias inglesas en Norteamérica, se pusieron de acuerdo para ver la situación de la relación con la hegemonía de la corona inglesa. Los convocados, ilustres políticos e intelectuales como Benjamín Franklin, Thomas Jefferson, John Adams, entre otros, redactaron una carta al rey George III, que después se llamaría la "Humilde Petición", donde le solicitaban representación de las colonias en asuntos que les eran concernientes. La respuesta del rey fue una amenaza de muerte si se salían de los parámetros establecidos. Serían considerados como traidores. Se convocó entonces un Segundo Congreso Continental donde redactaron otra carta declarando que la revolución era inminente (http://tavernkeepers.com/the-humble-petition-of-1775/).

El mal liderazgo del rey George III de Inglaterra fue claramente visible al demostrar su insensibilidad a las constantes necesidades que demandaban las colonias. Responder con amenazas, fue una estrategia errada, al no aprovechar la oportunidad para construir puentes de amistad y fraternidad. El resultado, tan trágico que cobró miles de vidas.

Los líderes que abusan de su posición, olvidan que fueron llamados a servir y que aquellos que se distancian de sus seguidores, tarde o temprano enfrentan consecuencias catastróficas. La arrogancia y la prepotencia son la anteojera que causa el tropiezo y la caída de los líderes (Proverbios 16:18). ¿El antídoto? Primero, el arrepentimiento. Segundo, la humildad. Tanto Dios como los hombres, siempre responden, sin miramientos, ante el arrepentimiento y la humildad (Salmos 51:17).

Que cierto es el dicho, "No puedes estar en autoridad, sino estás bajo autoridad".

Servir antes que ser servidos

"Porque el Hijo del Hombre no vino para ser servido, sino para servir, y para dar su vida en rescate por muchos" (Mateo 20:28; Marcos 10:45). Los líderes que necesitan ser servidos, son aquellos que se han hecho adictos al poder y al reconocimiento. Normalmente temen perder su posición y no invierten tiempo ni esfuerzo en otros, y mucho menos se esmeran por prepararlos para ser su relevo. No saben pasar el bastón de relevo (más que el bastón de mando) a los que seguirán en esta carrera. A decir verdad, no saben, ni quieren delegar. El término *delegar* significa dar facultad o poder para ser representado. Otros sinónimos son autorizar, comisionar y el más popular en estos tiempos: empoderar.

Delegar no es abdicar. Abdicar es ceder o deponer y desprenderse de la responsabilidad de líder sin deshacerse de los beneficios del mismo. Los reyes abdican pero siguen viviendo como reyes. Ese no es el concepto de delegar en un verdadero liderazgo. El líder delega porque ha comprendido que nada le pertenece, pues acepta con humildad al único y verdadero Líder.

3
Capítulo

Aprendiendo del liderazgo de Moisés

Echemos un vistazo a un episodio crucial, en la vida de Moisés, el gran líder, cuando tuvo que aprender a delegar.

El arte de decir las cosas como son

El caso de un líder y su suegro.

En Éxodo 18:13-27 vemos que Jetro, el suegro de Moisés, decía "las cosas como son". Decía la verdad, y la decía sin tapujos.

Moisés tenía una tarea interminable. ¿Te identificas con Moisés? Nuestra tarea como líderes es interminable. El v. 13 dice: "...desde la mañana hasta la tarde". Ocupado. Esto resume la vida de este líder en ese momento de su vida. No paraba desde la mañana hasta la tarde: Muy ocupado. Hay líderes, pastores, hombres de negocio, empresarios, que *"viven para trabajar; no trabajan para vivir"*. Los conocemos y esto es patético. Lo sé muy bien porque en algún momento de mi vida bivocacional, ese he sido yo.

Este poema escrito por el misionero, escritor y poeta Rodolfo Loyola, quien me casara hace treinta y tres años, y ahora está con el Señor, plasma muy bien lo que digo y es aplicable a todo tipo de líderes. Aunque habla de una persona que no conoce al Señor, aun así es una advertencia digna de repasar de vez en cuando:

Don Ejecutivo

Don ejecutivo se ha ganado su cargo con
*   oposiciones y horas de eficacia.*
Sus nervios están hechos a prueba de problema.
*   Apunta en todo como líder.*
Tiene carisma, es incisivo; delicado o culto, si hace falta.
*   Se le ve fuerte y elegante, su talante impresiona.*
Pertenece a una especie, diríase, peculiar,
*   que funciona con ventrículos de empresa.*
Domina el idioma de su clase, sabe elegir «secretarias»,
*   asiste a comidas de trabajo; olfatea la bolsa,*
intuye la fluctuación de la divisa, opina sobre
*   las multinacionales, tiene amiguetes importantes;*
en el banco habla con el presidente;
*   para pagar en cualquier parte, solo firma.*
En los aeropuertos parece tranquilo,
viaja en primera clase, claro está con algunos de su élite.
Sonríe y comenta con seguridad lo que dice la prensa...
*   Un buen día te recibe en su despacho y*
*   notas que no puede parar.*
Habla por tres teléfonos a un tiempo, no puede parar.
Escucha mientras ordena papeles, no puede parar.
*   Mira su reloj de ejecutivo y la agenda.*

No puede parar.
Es su aniversario de bodas, pero no puede parar.
Se siente cansado, tiene ganadas
sus vacaciones, pero no puede parar.
La empresa acusa déficit, él no debe parar.
Le deja una secretaria, no puede parar.
Ha muerto un buen amigo, no puede parar.
Duerme mal, debe ir al médico, pero no puede parar.
Alguien le habla de Cristo, pero no puede parar.
Hay de frente una señal de STOP, no puede parar...
Unas pocas líneas en el periódico hablan del accidente.
Junto a otras, una gran corona de la empresa.
Llora su viuda que lo presentía todo.
Hacía muy poco que quería leerle las palabras de JESÚS:
«¿Qué aprovechará el hombre si ganare
todo el mundo y perdiere su alma?»
Pero él, no podía parar...

(Tomado de *"Primavera Interior"* de Rodolfo Loyola, Editorial CLIE, 1985.)

Moisés se estaba desgastando, se estaba fundiendo. Un líder así, no es útil. El estilo de liderazgo de Moisés era erróneo, destructivo y tóxico. Era nocivo no solo para él, sino para los que le rodeaban.

Moisés se creía "indispensable". Quizá pensamientos como "Nadie lo resuelve tan bien como yo" o "Si yo no lo hago, se queda sin hacer", etc., pasaron por su mente. Confieso que en más de una ocasión, en mis años de ministro novato, cosas así llegaron a mi corazón. El presidente y fundador de Virgin Group, Richard Branson escribió: "Mi primera lección al liderar una gran empresa es que sencillamente debes delegar tus responsabilidades si deseas que tu negocio sobreviva y consecuentemente crezca" (Tomado de *"The Virgin Way"*, Penguin). Moisés necesitaba delegar pero no quería soltar sus responsabilidades.

No tengo duda alguna del gran sentido de responsabilidad de Moisés, pero como muchos otros líderes, lo expresaba ejerciendo un control total y eso es señal de inseguridad. Cuando el líder o pastor trata de micro dirigir todo en su organización, es una señal clara y evidente de su inseguridad.

En el v. 14 Jetro "dice la verdad". Fíjate: *"Viendo el suegro de Moisés todo lo que él hacía con el pueblo, dijo: ¿Qué es esto que haces tú con el pueblo? ¿Por qué te sientas tú solo, y todo el pueblo está delante de ti desde la mañana hasta la tarde?".*

Parafraseando: "Pero, ¿qué es lo que estás haciendo?". "¿Por qué lo estás haciendo solo?". Me imagino al final de esa pregunta, la palabra "solo" quedaría en la mente de Moisés como un eco, repitiéndose muchas veces: solo, solo, solo. Cuando decides hacer todo solo, al final te quedarás como empezaste, solo.

Luego de estas preguntas, viene la explicación o la excusa de Moisés en los vv. 15 y 16: *"Y Moisés respondió a su suegro: Porque el pueblo viene a mí para consultar a Dios. Cuando tienen asuntos, vienen a mí; y yo juzgo entre el uno y el otro, y declaro las ordenanzas de Dios y sus leyes".*

Parafraseando: "Es que estoy aquí para servirles". La verdad es que si seguía así, no iba a servir para nada. En un sentido, la respuesta-explicación-excusa de Moisés pudiera ser así:

1. "Ellos...inquieren de Dios": Buscan dirección y consejo espiritual.

2. "Ellos...tienen problemas": Quieren soluciones.

3. "Ellos...necesitan instrucción": Quieren "Palabra de Dios", quieren "las decisiones de Dios".

Suenan como buenas excusas. Todo esto suena bien, ¿verdad? Bueno, no tan bien.

El v. 17 dice: *"Entonces el suegro de Moisés le dijo: No está bien lo que haces"*. ¡Jetro le dice la verdad! Imagínate que eres el gran emancipador, el hombre del momento que Dios está usando y que va a usar, para dirigir Su pueblo. Y recordemos que no es un cualquiera, es el mismísimo Moisés. En un segundo, le dice en su cara lo que está haciendo y cómo lo está haciendo: ¡No está bien lo que haces!

Alguien le estaba diciendo y corrigiendo al gran líder en su propia cara "¡Esto no está bien, es más, está mal...no es bueno!".

¡Un momento! Estoy haciendo la obra de Dios...y mucho. ¿Qué quieres decir con "esto no está bien"?

Está claro que Moisés era humilde, o tal vez le habría autorizado a Jetro para que le dijera lo que fuera necesario.Su suegro aprovechando su parentesco, lo asesoró. Aquí hay algo sumamente vital para el liderazgo: "No te rodees de gente que te diga sí a todo". No necesitas clones, no necesitas gente que te apadrine todo el tiempo. La gente que te rodea debe y puede discrepar de tu opinión y decisiones. Eso es saludable para cualquier líder. De no ser así, tendríamos un mundo de autómatas; seríamos una especie de mundo orwelliano.

El v. 18 nos cuenta exactamente que lo que decía Jetro:" *Desfallecerás del todo, tú, y también este pueblo que está contigo; porque el trabajo es demasiado pesado para ti; no podrás hacerlo tú solo*", es una realidad para el líder. "Querido Moisés, no solo terminarás fundiéndote, sino que fundirás a este pueblo también. Ambos terminarán fundidos". Le estaba enumerando dos aspectos que todo líder debe saber:

Primero: Esto es demasiado para una sola persona.

Segundo: Acepta que no puedes hacerlo tú solo.

Un amigo muy querido, y colega pastor, en su tiempo fue una especie de Moisés. Los domingos por la mañana abría la iglesia, encendía la luz, iba a la consola del sonido y probaba los micrófonos, si la alfombra no se veía bien le pasaba la aspiradora, si fallaba el guitarrista o el baterista él cubría esa parte también. En resumen, "el hombre orquesta". ¿Cuánto creen ustedes que durará una persona así en el pastorado? No mucho tiempo. Termina fundiéndose y frustrado. Amargado contra el pueblo de Dios y contra Dios mismo.

Este era el cuadro: imagínate una tienda de campaña en el desierto con un cartel en la entrada: "Oficina de quejas. Abierto todos los días de sol a sol" y adentro Moisés sentado entre cojines tomando té y comiendo uno que otro dátil; y afuera de la tienda una enorme fila de cientos y cientos de israelitas esperando para hablar con Moisés. Tanta gente esperando para hablar con una sola persona. Esto, día tras día, semana tras semana. Era algo, literalmente interminable.

Tres actitudes peligrosas y equivocadas del líder

Está claro que el estilo de liderazgo de Moisés estaba mal, e iba de mal en peor, por tres actitudes peligrosamente equivocadas en su labor frente al llamado:

Descuido de sí mismo

La *primera*, descuido de sí mismo. Como ya lo mencioné, se estaba fundiendo, desgastando. No se cuidaba a él mismo. Según Ed Stetzer, que ha conducido muchos estudios de este tipo y es gran conocedor de este aspecto del liderazgo, una encuesta dirigida por LifeWay Research a mil pastores evangélicos (http://www.lifeway.com/Article/Research-Survey-Pastors-feel-privileged-and-positive-though-discouragement-can-come)[2] arrojó los siguientes resultados luego de pedirles que expresaran cómo se sentían con estas declaraciones:

"Me doy cuenta que me desanimo fácilmente". Un cincuenta y cinco por ciento respondió afirmativamente.

"A veces el ministerio pastoral me hacer sentir solo", De igual manera un cincuenta y cinco por ciento respondió afirmativamente.

Descuido de la familia

La *segunda*, descuido de la familia. Moisés había descuidado su familia. Es obvio que si no te cuidas a ti mismo no podrás cuidar de tu familia. Cuando el ministerio es pesado, es gravoso y pareciera que no puedes con él, la familia es la segunda víctima de la falta de un liderazgo saludable. En muchos casos sufre la esposa en silencio. Este sufrimiento puede extenderse por meses y años hasta que explota como bomba de tiempo y ya es demasiado tarde. Cuántas esposas de pastores viven vidas amargadas, tras bastidores, siendo "buenas actrices" el domingo por la mañana, pero sufren al ver cómo el ministerio ha sido "la otra mujer" que les ha robado a su esposo. A veces solo optan por continuar en modo de "piloto automático" únicamente porque son fieles a Dios y a la causa de Cristo; pero como mujeres *de carne y hueso* también, llegan a un punto en el que gritan: "Basta; ya no más".

¿Y qué vamos a decir de los hijos del pastor? *Tienen que ser perfectos y ejemplo todo el tiempo*; pero generalmente sufren presión por dos frentes distintos.

Por un lado, el ojo de la congregación o los seguidores del ministerio del padre que les exige como si no fueran seres humanos, sino querubines; esa presión social y religiosa ha sido la tónica por todas las edades. Lo sé porque soy hijo de un pastor-misionero. No hablo por boca de otros sino por la experiencia vivida en carne propia y la de otros amigos y amigas, también hijos de pastores y misioneros contemporáneos.

El resultado puede ser funesto, y lo ha sido. Suele despertar rebeldía en los hijos, que se expresa de muchas maneras, pero que al fin y al cabo termina por hacer mella. En mi caso, me aparté del Señor y vivía una doble vida. Un pie en la iglesia y otro en el mundo; hasta que el Señor hizo una obra completa y regresé literalmente como el hijo pródigo. No sucedió así con otros compañeros que se fueron al mundo y nunca regresaron desperdiciando sus vidas. Espero que el Señor en

Su misericordia haya traído toda esa Palabra implantada en ellos, a su memoria, y hayan podido retomar su camino.

El otro frente es papel de padre, que aunque físicamente puede uno estar ahí, emocional, moral y espiritualmente está ausente. El padre es el líder en el hogar. Esto es algo que el pastor-líder no puede delegar ni relegar en su esposa, por muy ocupado y preocupado que esté por la obra de Dios. El pastor es responsable de otras ovejas, que son su propio rebaño en casa, y no las puede descuidar, porque el enemigo anda como león rugiente viendo a cuál devorar. Muchos hogares de pastores han sufrido porque el *león* los ha mordido una y otra vez en ataques sorpresivos, y en muchos casos ha diezmado muchas familias pastorales. De este tema hablaré en otro capítulo.

Presta atención al descuido de Moisés con su familia, a la luz de lo que nos dice el pasaje en cuestión: *"Y tomó Jetro suegro de Moisés a Séfora la mujer de Moisés, después que él la envió"* (Éxodo 18:2). Moisés le había enviado este "regalo" a su suegro para que le echase una mano porque estaba muy ocupado. Pero lo interesante del caso es la manera que Jetro reacciona, muy sabiamente por cierto, en los vv. 5 y 6:*"Y Jetro el suegro de Moisés, con los hijos y la mujer de éste, vino a Moisés en el desierto, donde estaba acampado junto al monte de Dios; y dijo a Moisés: Yo tu suegro Jetro vengo a ti, con tu mujer, y sus dos hijos con ella".* De una manera muy educada y delicada, Jetro le "devuelve" a Moisés su familia. Puedo imaginarme al suegro diciéndole "querido yerno esta responsabilidad es tuya por muy ocupado que estés haciendo la obra". Te devuelvo el paquete que me dejaste.

Hay una gran diferencia entre *delegar* y *relegar*. Delegar es manejar la responsabilidad de una situación, en conjunto con otros, otorgándoles autoridad para resolver situaciones. Relegar es echar el problema a un lado sin incluir el poder para resolverlo de verdad. Primero, Moisés relegó la responsabilidad de su familia a su suegro. Segundo, Jetro le mostró la necesidad de delegar responsabilidad con sus allegados para poder ayudar a su pueblo.

Descuido de los cercanos

La *tercera*, es igual de peligrosa a la demás; Moisés le estaba robando la oportunidad a otros líderes potenciales que estaban a su alrededor; les impedía que desarrollaran sus capacidades y pudieran servir junto con él.

Esto ocurre con muchos pastores que tienen líderes potenciales en sus iglesias, calentando bancas. Muchos de estos, deciden irse de la iglesia, buscan otros horizontes porque el pastor principal tiene un ego más grande que su templo. En otros casos son líderes complejos y llenos de inseguridad. Por esta razón esos "jugadores" que han estado ahí, entrenándose para entrar al terreno de juego, no logran ser titulares aunque poseen el potencial y el deseo genuino de servir a Dios.

En estas tres actitudes del liderazgo mal enfocado vemos la onda destructiva en expansión. Esta comienza con el líder mismo aferrado en el centro, luego afecta su familia y finalmente alcanza a los que pudieron ser líderes pero fueron neutralizados.

Ningún líder llega muy lejos sin la ayuda de otros. Todos nosotros, sin excepción, hemos escalado y nos hemos superado, sobre los hombros de otros que nos sirvieron de apoyo. Por esa razón, permite que otros que vienen detrás de ti, que te ven como mentor, se suban en tus hombros para que puedan apreciar lo que se ve desde esa altura.

El líder necesita buenos consejeros

En el v. 19, Jetro le da buenos consejos a Moisés. Todos necesitamos la figura y la persona de un Jetro en nuestras vidas y ministerios; personas allegadas, muy cercanas a quienes les damos el permiso y la autoridad de hablarnos de manera clara y directa. Después de todo, no hay nada más saludable para un líder que rendir cuentas a otra persona de autoridad y respeto de quien reciba buenos consejos: *"Oye ahora mi voz; yo te aconsejaré, y Dios estará contigo. Está tú por el pueblo delante de Dios, y somete tú los asuntos a Dios".*

Cinco consejos sabios de un buen asesor

1. *"Oye ahora mi voz"*: Escúchame bien lo que te voy a decir. Oye, pero oye ahora. Esto es más que abrir el oído, es abrir la mente y el corazón. No te cierres, no te tupas. Desatasca tu mente de todo lo que te obstruye para recibir un buen consejo.

2. *"Yo te aconsejaré"*: Recibe y admite consejo. Consejo es esa opinión que se te dará para que hagas o no hagas, algo.

3. ¿Resultado?: *"y Dios estará contigo"*: Su presencia te acompañará. ¿Habrá algo más importante en la ac-

tual jornada de nuestro ministerio que la presencia de Dios? Si Dios no va, si Dios no está, ¿para qué seguir? ¿Qué vamos a hacer o lograr sin Su presencia? Es absurdo pensar que lo podemos hacer solos sin la ayuda de Dios. Esta promesa incluye un peso tremendo en el ministerio: Dios estará contigo.

4. *"Está tú por el pueblo delante de Dios"*: Ponte en la brecha. Si Dios va a estar contigo, tú debes estar por tu gente. Intercede por tu gente. Levántate y da cuentas a Dios de la gente a quien sirves.

5. *"Y somete tú los asuntos a Dios"*: Descarga y deposita todo a Dios. Tráele los problemas al Señor. Pon tus cargas ministeriales a los pies del Señor. No lo absorbas todo; sácalo, desahógate en Dios porque Él puede recibir y dar solución y sabiduría en todos los asuntos. Somételo todo a Él.

Qué hacer con los que Dios nos ha confiado

¿Qué hacemos con la gente que Dios nos ha confiado? ¿Qué hacemos con Su pueblo?

En Éxodo 18:20-27 encontramos tres directrices clave:

Primera: *ESCOGE TUS LÍDERES*

"Además escoge tú de entre todo el pueblo varones de virtud, temerosos de Dios, varones de verdad, que aborrezcan la avaricia" (v. 21a).

Selecciona hombres competentes, como hicieron en el libro de Hechos:

a. *Varones/hombres de virtud*: Hombres de vigor, de fuerza y de valor moral. Hombres íntegros y bondadosos. De disposición y predisposición constante a actuar correctamente de acuerdo con la guía de la brújula de la Palabra de Dios.

b. *Temerosos de Dios*: No se trata de tenerle miedo a Dios, sino un temor de reverencia, respeto y asombro. Si se ha perdido el temor de Dios, hay que recuperarlo con el ejemplo de líderes temerosos de Dios.

c. *Varones de verdad*: que hablan verdad, que dicen las cosas como son. Que no son de doble ánimo. Santiago 1:8 dice que los hombres de doble ánimo son como barcos a la deriva.

d. *Que aborrezcan la avaricia*: Que no cedan a las motivaciones ni presiones equivocadas o a intereses personales. Que no pongan un precio a su cabeza. Uno de los problemas con los líderes, aparte de las faldas y el poder, es que ceden sus principios y son gobernados por "don dinero". El dinero y los bienes materiales, junto con la posición de líder y sus beneficios, son sin duda una tentación. Pero es posible aborrecer la avaricia. Se logra con el poder del Espíritu y una voluntad doblegada a Dios.

Segunda: COLÓCALOS EN POSICIÓN

"... y ponlos sobre el pueblo por jefes de millares, de centenas...".

Colócalos, ponlos para gobernar, para liderar, para juzgar. Eso significa empoderamiento. Cuando los pones en lugares estratégicos les estás dando poder, autoridad y la capacidad de funcionar como líderes en el área donde han sido designados.

He usado por años el ejemplo del bus del experto en empresas Jim Collins en su conocido libro "*Empresas que sobresalen*" (Good to Great, Collins) donde usa el símil de un bus que puede ser una empresa, o en este caso una iglesia, o cualquier entidad que requiera el factor humano, donde el líder es el conductor y como tal necesita la destreza y agudeza de sentar o colocar a los componentes de su equipo en los asientos correctos.

El bus, la empresa, la iglesia, van en una dirección; van hacia delante y aquellos que se han subido, deben estar conscientes de la dirección a la que se dirige; de quién está conduciendo y cómo lo hace, y de los puestos en donde están los otros "pasajeros".

No solo es cuestión de subir en él a la gente adecuada, sino también de bajar la que no debe estar en el bus. Entiéndase que cuando hablo de esto en el contexto del trabajo en la iglesia, me estoy refiriendo al equipo de líderes. He visto por años en muchas iglesias miembros del equipo de liderazgo que estaban subidos al bus pero no estaban de acuerdo con la dirección que llevaba el bus, o no estaban de acuerdo con el "conductor" o líder. Como resultado, esa inconformidad era tóxica, hacía daño a otros que estaban allí por las razones y motivaciones correctas. La solución es, bajar del bus a los que de una manera equivocada dejamos que se suban, a sabiendas de que no son parte del equipo y no comparten la misma visión ni van en la misma dirección que el líder.

Confieso que he tenido personas así en mis equipos de trabajo y ha sido una lucha decirles que se bajen del bus.

En otros casos, hubo quienes se bajaron voluntariamente en la siguiente parada. No siempre es así, porque se suelen acomodar en los asientos y llegan a sentirse propietarios de esos "puestos" y en algunos casos hasta piensan que son vitalicios.

Recojo esta porción de un cuaderno que acompaña la obra *"Empresas que sobresalen"* (Good to Great©) y *"Los sectores sociales"* (Good to Great and the Social Sectors), pp. 12-15, por Jim Collins (traducción mía):

"James MacGregor Burns enseñó en su obra clásica de 1978, Leadership, que la práctica del liderazgo no es lo mismo que el ejercicio del poder. Si te apunto con un arma puedo lograr que hagas lo que no harías de otra manera, pero no he ejercitado liderazgo sino poder. El verdadero liderazgo existe únicamente si la gente sigue cuando ellos tienen la libertad de no hacerlo...La grandeza fluye primero, y sobre todo, cuando se tiene la gente correcta en los asientos estratégicos. Entonces, la clave es a quién tienes en el bus. Las grandes empresas se concentran en conseguir y retener en primer lugar la gente correcta, esto es, aquellos que son productivamente neuróticos, que tienen motor propio y son disciplinados, esos que se levantan cada mañana impulsados compulsivamente a lograr lo mejor de ellos porque simplemente es parte de su ADN".

En conclusión asegúrate de que la gente esté sentada en los lugares correctos, yendo en una misma dirección.

Tercero: *DÉJALOS CRECER*

"Y juzgaban [atendían, administraban, resolvían conflictos] *al pueblo en todo tiempo...".*

Envíalos, ¡"suéltalos"!

Un libro que leí hace años fue *"Desatando la iglesia"* por Frank R. Tillapaugh donde invitaba al lector a romper con los paradigmas mentales acerca de que la iglesia es una fortaleza y que el pastor es un hombre orquesta o el "mil usos". La premisa del libro, y el énfasis de este tercer punto de "Déjalos" es la de Efesios 4:11-12 donde Cristo, la cabeza de la iglesia, ha constituido a ministros y ministerios con el fin de perfeccionar a los creyentes para la obra del ministerio, para que sean útiles donde Dios los ha puesto, con el fin de edificar al Cuerpo de Cristo.

Me gusta el concepto de "desatar la iglesia". Lo mismo le dijo Jetro a Moisés que hiciera con sus líderes: ¡Desátalos!

RESULTADOS:

1) "...la carga...la llevarán ellos **contigo**" (v. 22, énfasis añadido).

   ➢ Liderazgo no es algo que tú le haces **a** la gente. Liderazgo es algo que haces **con** la gente. El concepto de liderazgo arcaico, incluso gerencial, dictaminaba que uno daba las órdenes y los demás ejecutaban, que uno decía y los demás escuchaban, sin lugar a diálogo ni consenso. En cambio, la preposición "con" hace un mundo de diferencia; es como esa bisagra bien engrasada que logra que la puerta de las oportunidades se abra. Qué diferente es cuando la gente que te rodea comparte la carga de la misión y del trabajo, porque les has dado permiso, los has empoderado para eso. Cuando los liberas, se convierten en una fuerza imparable. Cuando funcionas "con" la gente, cuando estás con ellos, entonces, ellos estarán "contigo".

> Esto es "responsabilidad" de **equipo**.

-No por ti solo. No en solitario. Se acabó el síndrome del "Llanero Solitario"; querer ser el héroe que lo haga todo por sí solo, porque no hay nadie a su alrededor tan bueno como él o ella. ¿Saben cómo se queda el Llanero Solitario al final? ¡Pues solo! Su desgracia es su síndrome: "La verdad es que no hay nadie que lo haga como yo", "no es por nada, pero soy un fenómeno". Y lo trágico es que al final termina creyéndoselo.

-Trabajo **en equipo**. No se trata, como alguien dijo, "Señor, heme aquí. Envía a mi hermano". Ha de hacerse en conjunto, con otros, a la vez, a la par, para lograr un bien y una meta común.

¿Qué palabra o idea te viene a la mente cuando se menciona "trabajo en equipo"? Para algunos es algo que se lee en los libros de cuentos o de ficción. Para este servidor, trabajo en equipo evoca dos aspectos primordiales; una, satisfacción; y la otra, sentirse realizado. Más sobre este tema en el próximo capítulo.

2) "...tú podrás **sostenerte**" (v. 23, énfasis añadido).

-Esto habla de la *durabilidad* de un buen líder. Antes fabricaban las cosas para que duraran toda la vida.

De hecho, cuando regresé a mi país natal, Cuba, en el 2003 usamos los servicios de un hermano que nos llevó en su Ford 1952.

Uno de los anuncios televisivos más conocidos, ha sido el de las pilas Duracell donde muestran un conejo que no para; sigue y sigue porque tiene una pila de esa marca, y la premisa principal es que si son de esa clase, son *duraderas* y no se gastan pronto.

Hoy vemos en el liderazgo la falta de perseverancia, de durabilidad. Pareciera que los líderes de antaño eran para toda la vida. Su consistencia era distinta, estaban "hechos" de otro material. Los líderes que podrán sostenerse en el ministerio serán aquellos con esta cualidad de *durabilidad*. Esta les ayudará a resistir los elementos y embates que involucran al ministerio en el siglo XXI.

-También habla de *continuidad*. El líder debe contar con persistencia. La gente busca en el líder espiritual a un hombre que se sostenga gracias a su continuidad. Que no vacila de un día para otro; que continúa lo que comenzó. Que vive y es lo que dice Filipenses 1:6 *"...el que comenzó en vosotros la buena obra, la perfeccionará hasta el día de Jesucristo".*

-También debe poseer *sostenibilidad*. Esta es la capacidad de permanecer, de sostenerse. Crisis vendrán y se irán, mas el líder debe tener esta cualidad de sostenerse, de permanecer de una manera saludable y sólida, a pesar de los altibajos y los embates de la vida. ¿De dónde viene esa sostenibilidad? Salmo 63:8b, *"Tu diestra me* ha sostenido", Salmo 20:6, *"Ahora conozco que Jehová salva a su ungido...Con la potencia salvadora de su diestra".*

3) *"...todo este pueblo* **irá en paz** *a su lugar"* (v. 23, énfasis añadido).

> ➤ Yo quiero ver el fruto de nuestro trabajo y esfuerzo a su tiempo. Anhelo ver el resultado de todo esto que perdura en el tiempo.

> ➤ Trabajo y me esfuerzo para que mi gente, la gente a quien sirvo pueda irse a la cama <u>en paz</u>. Es mi más sincero deseo que nuestra gente, el pueblo de Dios, viva en paz.

> ➤ Que tengan matrimonios en paz y no en pedazos, que tengan familias en paz, hogares en paz, hijos en paz. ¿Habrá algo más importante para un líder, que ver que la gente a quien sirve, vive y está en paz?

> ➤ *"Mi paz os doy, mi paz os dejo"* dice Jesús.

> ➤ *"Que la paz de Dios gobierne en vuestros corazones"* (Colosenses 3:15a).

> ➤ La paz de Dios se consigue teniendo paz <u>**con**</u> Dios.

Crisis vendrán y se irán, mas el líder debe tener esta cualidad de sostenerse, de permanecer de una manera saludable y sólida, a pesar de los altibajos y los embates de la vida.

CAPÍTULO 4

APRENDIENDO DEL LIDERAZGO DE DAVID

Lecciones del Liderazgo de David

1 Samuel 16, 17-18 y 24.

Compilo aquí algunas lecciones y pepitas de oro de la vida de David, un personaje bíblico con el que nos podemos identificar en las diferentes etapas de su resurgir como líder y ver cómo Dios lo fue llevando y guiando. David nos sirve de ejemplo para este, nuestro mundo actual.

El corazón de un líder

En 1 Samuel 16:7 leemos esto tan conocido: *"... pero Jehová mira el corazón"*. En el versículo anterior el profeta se equivoca en discernir quién iba a ser el ungido de Dios. Después de todo el profeta era humano y seguía ciertos patrones para saber cuál sería el líder "elegido" de Dios.

Los patrones (equivocados) que seguimos... metiendo la pata, nos dejamos impresionar por la apariencia, la estatura, miramos o nos fijamos solo en lo obvio, lo que está delante de nuestros ojos. Pero el patrón, la medida de Dios es diferente: Dios se fija y ve el corazón; Él mira lo que no es obvio, lo invisible, lo que no está a simple vista (1º Samuel 16:7).

En el momento de elegir un líder es importante seguir este sencillo patrón: No te vayas por apariencias; por lo que parece ser y no es. Por supuesto, tampoco por la estatura. La medida de Dios es diferente a la medida del hombre. No es el "tamaño" del líder, ni el tamaño de su ministerio lo que debemos mirar.

Como mencioné, hasta el profeta se equivocó. No tuvo discernimiento. Se apresuró y se guio por las emociones... ¿Acaso quiso darle una mano a Dios para elegir el más adecuado? Simplemente miró la apariencia. Es algo verdaderamente inaudito que venga de un "profeta" o líder espiritual veterano.

Dios se fija en el corazón: A veces no vemos una "lectura clara" del corazón del líder o del candidato a líder.

David era el más pequeño, el menor. El que hacía los "mandados"; el de los "recados". Muchas veces es así; no nos fijamos en el "menor" porque aparece como el menos importante (ver 1 Corintios 12:14-24). Estaba con el rebaño, atendiendo sus ovejas. No estaba presente en este "concurso de belleza" para elegir a "Mr. Líder". David olía a oveja. Primero fue preparado para lidiar con ovejas de lana, para después lidiar con ovejas de pelo. Estaba "cuidando" el rebaño.

El líder que Dios escoge, como sucedió con David, es "invisible" hasta que Dios prepara las condiciones para que se haga visible y se nota el obrar de Dios en su vida.

Aprendiendo del liderazgo de David

Dios es el que hace esto, no el líder. Es absurdo pensar que el líder en potencia precisa "hacer oposiciones, cabildeos o *lobby*" o que se "postule" para el puesto de liderazgo que Dios quiere. Hay círculos cristianos donde el puesto de pastor se disputa contra otro candidato y ambos tienen que hacer campaña con los feligreses para conseguir la mayoría de votos.

David había estado "cuidando" el rebaño, entonces había estado invisible hasta ese momento cuando Dios lo puso al frente de batalla. Había estado con las ovejas día tras día, vigilia tras vigilia, peleando contra fieras del campo, defendiendo su rebaño, buscando a la rezagada, a la extraviada, a la que estaba patas arriba...atrapada en un problema, ungiendo con aceite o pomada a alguna que tenía una infección en las orejas o en los ojos. Esa había sido la "escuela de pastorado" de David.

Dos requisitos esenciales para comenzar un buen liderazgo

1. *"Y Samuel lo ungió en medio de sus hermanos".* Lo ungió con aceite. Lo hizo público. Fue un **reconocimiento público**, en presencia de sus hermanos, su familia. La aprobación del "profeta" y de su familia es la parte humana, la parte física. Se hizo en un lugar dado: con testigos. No es algo que yo puedo hacer por mí mismo, alguien debe ministrarme esa unción del Espíritu. Eso demanda humildad y dependencia. Así lo diseñó el Señor. Es curioso ver hoy cuántos se autoproclaman líderes espirituales o pastores sin la bendición de un liderazgo de autoridad espiritual probado y reconocido.

2. *"El Espíritu de Jehová vino sobre David"*. Este fue el sello de aprobación de Dios: Su Espíritu "sobre" él. La unción de un líder viene de lo alto, del cielo. Para poder liderar el rebaño de Dios necesitamos que el Espíritu de Dios esté <u>sobre</u> nosotros. Sin el **poder del Espíritu Santo** un líder no funciona, no se desarrolla. Esto se hizo y ocurrió en un momento determinado: Dios como testigo. Fue en el momento de Dios: *"y desde aquel día en adelante"* (cronos) cuando comenzó el liderazgo de David.

He llegado a la conclusión, luego de años de ministerio y pastorado, que sin la unción y la presencia del Espíritu Santo en nuestras vidas no podemos llevar adelante el ministerio; no podemos ministrar, no podemos servir, no podemos predicar, no podemos orar; ¡simplemente no podemos! Es una cuestión de "poder". Solo podremos con la unción y Su presencia: *"...si tu presencia no ha de ir conmigo, no nos saques de aquí* [Moisés]"(Éxodo 33:15).

> He llegado a la conclusión, luego de años de ministerio y pastorado, que sin la unción y la presencia del Espíritu Santo en nuestras vidas no podemos llevar adelante el ministerio.

Siete características de David vistas desde la perspectiva de otro

1 Samuel 16:18.

1. *"que sabe tocar* (un instrumento)"→ Sabía alabar a Dios con su talento: tocaba un instrumento de cuerdas. Tenía un talento natural que ofrecido a Dios se convertía en un instrumento de alabanza e influencia espiritual. ¿Cuál es tu talento natural? ¿Qué instrumento musical sabes "tocar"? ¿Qué habilidad innata tienes que puedes poner al servicio de Dios?

2. *"es valiente"* → Atrevido. Lanzado. Corajudo. Apostaba lo que otros no apostaban. Cuando otros decían "vamos a quedarnos aquí un poco más", él decía "¡al ataque!". El capítulo 17 es un testimonio de valentía. El que tiene madera de líder no puede ser cobarde ante los desafíos a encarar. David tenía motor propio, sabía motivarse a sí mismo.

3. *"es vigoroso"* → Lleno de vida, de fortaleza, de salud. Se mantenía en forma; hacía ejercicio, comía bien, comía saludable. Descansaba lo suficiente. Leía, se instruía. Todo eso le daba "vigor". Aunque debemos depender sólo de la unción del Espíritu, tenemos nuestra parte. Tenemos que cuidar nuestro templo, nuestro cuerpo, nuestra mente. Tenemos que saber vivir bien para poder servir bien al Señor. Los líderes que se funden pronto, son aquellos que no cuidan su forma física y su salud mental y emocional. Si ir a un gimnasio es un lujo, sal a caminar o monta bicicle-

ta, pero haz algo, como me decía un hermano de la iglesia "pastor, hay que mover el esqueleto".

4. *"hombre de guerra"* ⇒ Fue muy listo cuando peleó contra Goliat. ¡Ojo! David sabía que no podría contra un gigante así "cuerpo a cuerpo", era preciso que fuera a distancia, dándole un golpe certero. Supo estudiar al enemigo y se dio cuenta de que no veía bien y a campo abierto lo venció. David aprovechó muy bien el *handicap* congénito de Goliat por ser anormal en su estatura. Me llamó mucho la atención un libro que leí titulado "David and Goliath", por Malcolm Gladwell, oriundo de Inglaterra y afincado en Nueva York. Este agudo escritor y ensayista no es cristiano, tampoco lo es el libro. Es más, se trata de un libro empresarial que toma lo que ocurrió hace tres mil años entre David, en desventaja aparente, y Goliat el gigante, a quien se le otorga la victoria antes de comenzar la contienda, al menos en la mente lógica del lector y, estoy seguro, en la de todos los soldados de ambos bandos que estaban por presenciar la pelea del siglo de aquel siglo. (*"David and Goliath"*, Malcolm Gladwell, Little, Brown and Company, 2013). El descubrimiento histórico y científico de Gladwell sobre este suceso bíblico es digno de considerar.

Es curioso que en el v. 43 el gigante Goliat le dice a David *"... ¿Soy yo perro, para que vengas a mí con palos?"* (17:43). Y sí que es curioso porque lo más seguro es que David no llevaba "palos" sino su cayado de pastor. Creo que la respuesta acertada era "sí": David tenía experiencia en matar animales feroces para proteger su rebaño y ahora "matar un perro" o animal como Goliat, no sería diferente. Además el filisteo agrega, *"ven a mí"*, cuando se supone que un experimentado guerrero sabía moverse y rápido.

Goliat no veía bien, por lo tanto, no podía moverse con agilidad. Los expertos en cuestiones médicas creen que Goliat sufría de un mal llamado "acromegalia", una enfermedad crónica, causada por una lesión de la glándula pituitaria, que se caracteriza por un aumento de tamaño de las manos, los pies, las mandíbulas y la nariz. De ahí, el tamaño de Goliat. Uno de los efectos secundarios o secuelas de la acromegalia es problemas con la vista. Cuando este tumor crece afecta la vista y hace que la persona vea doble. ¿Por qué Goliat necesitó un escudero o ayudante cuando se presentó a la pelea? Porque el escudero hacía las veces de su guía vidente. ¿Por qué se movía despacio? Porque todo su mundo alrededor se veía borroso. Por esa razón, en un sentido, le dijo a David que viniera hacia él porque no lo podía localizar bien. Ahora entendemos que quizás vio dos cayados en la mano de David en vez de uno.

La lección es tremenda: el fuerte y el poderoso no siempre es lo que aparenta ser. David no conocía este gigante y preguntó cuál sería el resultado de vencerlo. Cuando tienes unción de Dios no te mides con el gigante de enfrente, mides al gigante con Dios. Aun teniendo fe y confianza de enfrentarte a los retos gigantes de la vida, tendrás oposición y crítica de colegas de tu propio bando. A David lo "disfrazaron" de soldado y se despojó de todo eso porque comprendía que la batalla era espiritual.

Físicamente hablando, David no estaba preparado para el "gigante" pero poseía la unción de Dios, y esa unción era el motor que lo impulsaba a ir a la batalla. Me puedo imaginar los comentarios y las risitas de muchos soldados hebreos cuando vieron a este muchachito echar cinco piedras en su mochila pastoril: "¡Ajá! A pedrada limpia contra ese monstruo de nueve pies de estatura (casi 3 metros); esto se pone interesante".

La estrategia para cualquier combate espiritual o reto gigantesco en nuestras vidas sigue siendo igual a la de David en el v. 45: *"...en el nombre de Jehová de los ejércitos"*. El v. 49 es tremendo, pues cuando metió su mano en la bolsa pudo "tantear" la piedra perfecta para dar el golpe certero al enemigo; al desafío que tenía por delante y que venía hacia él. Esa piedra tiene un significado grandioso: ¡Cristo es la piedra que hirió al enemigo en su frente en la cruz, donde fue expuesto y destruido! La declaración de David es interesante, porque Dios no salva con armas convencionales *"...porque de Jehová es la batalla"*.

De seguro hoy tendremos que enfrentarnos a gigantes formidables mucho más grandes y capaces que nosotros: vayamos y peleemos la buena batalla de la fe, con el arma más poderosa de nuestro arsenal espiritual:¡ El nombre de Jesús!

Aprendiendo del liderazgo de David

5. *"prudente en sus palabras"* ⇒ Sabemos esto porque escribió la mayoría de los salmos. No solo era poeta sino también pensador. Sabía usar las palabras. Manejaba bien la dialéctica.

6. *"hermoso"* ⇒ se cuidaba. La gente que sirve a Dios con humildad, sencillez de corazón y transparencia...¡son hermosos/as!

7. *"Jehová está con él"* ⇒ Hay ciertos rasgos que evidencian la presencia de Dios en la vida de un líder. Se sabe cuándo Dios "está con él". Esta, sin duda, es la característica más importante. Puedes prescindir de talento, de valentía, de vigor, de espíritu guerrero, de palabras, de buena apariencia, pero no puedes prescindir de la presencia de Dios y de Su compañía en todo lo que hagas. Cuando sabes y Dios mismo te confirma Su respaldo, eso es combustible para seguir aun con más ímpetu.

> La lección es tremenda: el fuerte y el poderoso no siempre es lo que aparenta ser...
>
> De seguro hoy tendremos que enfrentarnos a gigantes formidables mucho más grandes y capaces que nosotros: vayamos y peleemos la buena batalla de la fe, con el arma más poderosa de nuestro arsenal espiritual: ¡El nombre de Jesús!

Siete consejos adicionales para un buen líder

Basados en 1 Samuel 17, 18 y 24

1. El líder entiende a quien _representa_ ➔ ¡Al Señor! *"De Jehová es la batalla"*(17:47). Aunque necesitamos ser sabios y elegir nuestras batallas, porque no podemos con todo y somos vulnerables, es vital entender que el Señor pelea por nosotros y que nos unimos a la batalla que es del Señor.

2. El líder es _certero_ ➔ tiene "puntería". *"...tomó de allí [de su bolsa] una piedra, y la tiró con la honda, e hirió al filisteo en la frente; y la piedra quedó clavada en la frente..."* (17:49). Esta no era la primera vez que usaba la honda. Seguro que mientras cuidaba las ovejas, al estar horas y horas en el campo, practicaba tiro al blanco. Sin duda en algún momento tuvo que lanzar piedras certeras contra fieras salvajes que atentaban contra sus ovejas.

   Ahora era el momento de la verdad. Era como los Juegos Olímpicos Espirituales de este líder, y no podía fallar. Todas esas horas, días, semanas, años de afinar su tiro...rindieron el resultado deseado. La puntería de un líder en usar sus herramientas es resultado de años de acción, de uso, de volver a hacer lo mismo, de ensayar de nuevo y entrenar seguido. La puntería no se improvisa, es el resultado de la experiencia y la práctica.

3. El líder _ejecuta_ ➔ no le tembló la mano a David para imponerse espiritualmente al gigante, sino que tam-

bién supo ponerse (posicionarse) físicamente por encima del gigante: *"Así venció David al filisteo con honda y piedra; e hirió al filisteo y lo mató, sin tener David espada en su mano"* (17:50). Tenemos que admitir que en nuestro ministerio a veces será necesario "cortarle la cabeza", aunque esto suene fuerte, a los gigantes que nos retarán y necesitamos ejecutar en nuestra propia vida.

4. El líder sabe estar <u>bajo autoridad</u> y desempeñarse con excelencia (éxito). ➡ Cualquier encargo que David recibía de Saúl, lo cumplía con éxito: *"Y salía David a dondequiera que Saúl le enviaba, y se portaba prudentemente...y era acepto a los ojos de todo el pueblo..."*(18:5).

5. Puedes estar seguro de esto en el liderazgo: tendrás <u>competencia, envidia y celos</u>. ➡ Estate preparado porque esto viene de los más cercanos a ti, incluso de los que al principio te "alababan" y te ponían en un pedestal. Sobre todo, si estás en un ministerio bajo un "Saúl" que necesita salir y pasar el bastón a la próxima generación pero sigue aferrado a su puesto, a su salario, a su seguridad, a su poder, etc. *"...cuando David volvió de matar al filisteo, salieron las mujeres de todas las ciudades de Israel cantando y danzando para recibir al rey Saúl, con panderos... cánticos...instrumentos de música...y decían:*

Saúl hirió a sus miles,
Y David a sus diez miles.

> *Y se enojó Saúl...y le desagradó ese dicho* [o esa cancioncita... diciendo] *no le falta más que el reino"* (18:6-9).

6. Un buen líder sigue sus <u>instintos</u> y a veces no la opinión general de sus asociados ➜24:4-15. Mientras los allegados de David le presionaban para que aniquilase a Saúl, aun teniendo la oportunidad no lo hizo porque siguió sus instintos y su temor de Dios.

7. Un líder tiene *poder de negociación*, buena *dialéctica* y poder de *convicción* ➜ 24:16-22. David se presenta ante Saúl y le enseña la prueba de que podía haberlo eliminado. No usó la fuerza sino sabiduría y temor de Dios, lo que dio lugar a que Saúl le concediera el reino y el liderazgo a David.

Los enemigos internos del líder

David probó ser un líder guerrero, poeta y un hombre conforme al corazón de Dios. Sin duda fue un líder que puso a Dios en primer lugar. Pero David, como todos nosotros, tenía "enemigos internos" y uno de esos mostró ser formidable y poderoso, ante el cual sucumbió.

Las tres "efes" fatídicas para el líder, como dicen por ahí:

- FAMA (poder)
- FALDAS (mujeres)
- FORTUNA (dinero)

Estos son deseos y retos reales que siempre están presentes en la vida de un líder espiritual, de un pastor de carne y hueso. Aunque hay más enemigos, estos tres son constantes y han probado ser enemigos formidables, poderosos y destructivos para la vida del líder, su matrimonio, su familia, su congregación y su reputación.

FAMA (poder)

> Deseo (querer), de ser visto, oído, reconocido, aclamado, buscado, tenido en cuenta, etc. Estos son síntomas de no sentirse realizado, completo, seguro de sí mismo, en busca de auto gratificación. Esto suele ocurrir cuando aparece ese vacío de reconocimiento, cuando ha vivido con una autoestima muy baja; quizá por la desaprobación de sus padres, la falta de apreciación, valor y atención en el hogar desde pequeño, etc. Pueden existir otras variantes pero una vez que se entra en esta "autopista de la fama" es como una droga que envicia al líder. Cuanta más fama y poder cree poseer, más debe necesitar. Es un monstruo que exige una dieta continua, diaria y demanda ser alimentado cada vez más.

FALDAS (mujeres)

> Este enemigo se incrementa más con la fama y la fortuna y se "alimenta" de esos otros dos enemigos para hacerse más fuerte. Siempre está ahí, presente, acechando, furtivo.

> David fue vencido por este enemigo, pero tuvo un verdadero arrepentimiento y Dios lo restauró.

> El pastor-líder debe poner ciertos "vigías" que le avisen de tentaciones y de una caída en potencia. Hay ciertas normas que tienen que ver más con el sentido común, pero no por eso son menos prácticas: no cortejar,

ni permitir encontrarse en una situación solo con una persona del sexo opuesto que pueda comprometer su integridad, su testimonio y su poder de decisión en un momento y lugar determinado. Cuidar las comunicaciones, expresiones, etc., de tal forma que no se presten a confusión o mala interpretación. Un simple coqueteo que normalmente no es inocente, puede llevar a otra situación vergonzosa y difícil. Tener una posición ventajosa por la fama y el poder puede influenciar de una manera tremenda para manipular una situación de "faldas" que puede ser devastadora. Lo más lógico y drástico, que sirve para ambos sexos, es hacer lo que hizo José cuando la esposa de Potifar lo estaba desnudando: Salir corriendo. Huir de la tentación. Una acción así, te salvará y te ahorrará dolores y sufrimientos; por no decir tu vida, tu matrimonio, tu ministerio y tu testimonio.

FORTUNA (dinero)

> El poeta y escritor Francisco de Quevedo nos dejó esta famosa frase en uno de sus poemas más conocidos: "Poderoso caballero es Don Dinero". La primera estrofa dice:

"Madre, yo al oro me humillo,
Él es mi amante y mi amado,
Pues de puro enamorado
Anda continuo amarillo.
Que pues doblón o sencillo
Hace todo cuanto quiero,
Poderoso caballero
Es Don Dinero".

➢ Una ironía: el dinero ha arruinado a muchos líderes y sus ministerios. Son "sacos sin fondo". Cuanto más tienen, más quieren. Llegan a creer en su subconsciente que se lo ganaron por sus méritos, que es algo logrado por su esfuerzo y justifican todo tipo de excesos en su estilo de vida y su manera de pensar ante la vida y el futuro. El dinero los cambia, los transforma, los deteriora.

➢ Hay una cultura del dinero, más bien de la prosperidad y del materialismo religioso, dentro de la iglesia hoy, que ha ocasionado mucho daño haciendo creer a la gente que todos los cristianos debemos vivir en opulencia. En algunos casos hasta han vendido cierto tipo de "indultos" para comprar el favor y el milagro de Dios.

Recuerdo un ministerio famoso donde el líder se encerró en un lugar a orar y no saldría hasta que recaudaran los millones de dólares que su ministerio tenía de déficit so pena de que el Señor se lo llevara. Esto puso una presión tremenda en sus seguidores que le apreciaban y respetaban para enviar el dinero que lo pudiera sacar de su encierro y de su posible encuentro con Su Creador.

Un caso más reciente, es el de un conocido tele evangelista que tuvo la osadía de pedir 68 millones de dólares a sus seguidores para reemplazar su avión privado, que ya estaba un poco viejo, por uno nuevo y flamante para continuar desplazándose rápido a predicar y evitar las filas en los aeropuertos, como todos los demás. Parece ser que le aconsejaron quitar el video con semejante petición que había colgado en su portal pues la avalancha de críticas e indignación no se dejó esperar.

Otro líder evangélico también fue el artífice de un timo multimillonario, años atrás, e incluso cumplió sentencia carcelaria; ha vuelto a las andadas y continúa vendiendo por televisión; en este caso, unos artículos alimenticios precocinados y paquetes de supervivencia, porque el fin del mundo es inminente y la comida escaseará.

Otros prometen privilegios de cercanía en asientos preferenciales en sus congresos y audiencias privadas si dan ofrendas caudalosas de diferentes categorías en calidad de socios. Y la lista sigue.

➢ Hay casos y buenos ejemplos de líderes que han manejado el dinero de sus ministerios de una manera ejemplar y pudiera mencionarlos por nombre porque son conocidos y muy respetados, pero estoy seguro que por su modestia preferirían que no lo hiciera. Otros muchos son invisibles pero están detrás del telón dando millones y apoyando a la obra de Dios de una manera silente pero contundente. Dios los prospera y recompensa.

David tuvo también problema con el "poder". Llegó a un punto en el que no quería ceder el "poder", el "mando", el "control" a otro que lo sucediera. Se aferraba a su mandato.

OJO ➙ Un buen líder "traspasa", empodera a otro u otros en el liderazgo. Es triste ver a pastores que no "se bajan de su púlpito". Son ciegos o simplemente no aceptan que es tiempo de pasar el bastón de liderazgo. Ya están caducos y ancianos y están rodeados de buenos líderes calentando bancas. Lo triste es que la gente se les está yendo de la iglesia; líderes de su equipo también están desertando y lo hacen con gracia, pero otros no y anuncian su descontento. Este tipo de líderes al fin, se quedan prácticamente solos.

Concluyo esta sección recordando a Billy Graham, ejemplo de un siervo de Dios íntegro. Hace unos años la periodista norteamericana Joan Lunden del programa matutino "Good Morning America" fue a la casa de Billy y Ruth en Black Mountain, Carolina del Norte, para entrevistarlos con motivo de su 50 aniversario de bodas. Joan le preguntó: "Dr. Graham, ¿cómo quisiera usted que se le recordara?". Mientras se le aguaban los ojos, este gigante de la fe, contestó: "Quiero que me recuerden como un hombre que fue fiel; fiel a mi Dios, fiel a mi familia y fiel a mi llamado".

> El líder que Dios escoge, como sucedió con David, es "invisible" hasta que Dios prepara las condiciones para que se haga visible y se nota el obrar de Dios en su vida.

5
Capítulo

Las competencias en el liderazgo

Se buscan líderes competentes

¿Qué tipo de líder eres?

Según el Dr. J. Robert Clinton de Fuller Theological Seminary hay cinco tipos de líderes con diferentes esferas de influencia:

Tipo A, a nivel local e interno,
Tipo B, a nivel local y externo,
Tipo C, a nivel local y regional,
Tipo D, a nivel nacional; y por último,
Tipo E, a nivel internacional.

Es una manera clara de visualizar el círculo de acción e influencia como líder.

Los círculos de influencia convergen y varían con el líder y su composición. Muchos se mantienen en su mismo círculo y otros se acercan secuencialmente a los otros círculos donde su influencia y radio de acción crecen exponencialmente. Esto resulta por la superación y crecimiento personal y razones de orden espiritual donde entendemos que *"la promoción no viene del oriente ni del occidente, sino del Señor"* (interpretación particular del Salmo 75:6). Y sucede porque a Dios le place usarnos en diferentes esferas de influencia y lugares que solo es posible por el obrar y mover de Dios. No hay explicación racional ni profesional, es asunto de Dios.

Hablando de influencia, estoy muy de acuerdo con John Maxwell cuando dice que la misma no se da, sino se presta. Debemos partir de la base que ninguno de nosotros hemos llegado a ser lo que somos (en Cristo) y lo que hemos logrado hacer en nuestra esfera de trabajo (profesional) y ministerio por nuestro propio esfuerzo. Como lo mencioné antes, todos hemos *ascendido* en nuestro peregrinaje ministerial y profesional sobre los hombros de alguien más. Me refiero a otros líderes y personas que influenciaron nuestras vidas y nos cedieron su influencia, que nos abrieron las puertas.

Ninguno podemos decir que hemos llegado ya a la meta. Esto es un trabajo y esfuerzo de toda la vida. De igual manera tendremos que *empujar, elevar* y *llevar hacia arriba* a otros que han venido y vendrán después que nosotros. A ellos necesitamos pasar el bastón de liderazgo y del servicio y permitirles que se suban en nuestros hombros. Además, cuando eso sucede, nuestra visión se amplía y se ensancha aún más.

Todo tiene un precio. Cuando cedes influencia estás traspasando valores que ayudarán a otros a superarse y avanzar. Aunque hay que tener cuidado pues en el ámbito del liderazgo "haces bien sin mirar a quien" y tarde o temprano te das cuenta de que alguien no te ha correspondido. Me explico. Hay personas que piden ayuda en su liderazgo y son como sacos sin fondo. Quieren que sigas invirtiendo en sus vidas

Las competencias en el liderazgo

como si fuera algo obligatorio. Es cierto que al principio debe ser desinteresado porque deseas ver a esa persona que se supere y tome vuelo por sí misma. Este depósito constante puede desembocar en una forma de codependencia que no es saludable. Al final te sientes que se han aprovechado de ti.

Cuando inviertas de tu influencia en otros, brindando todo un paquete que contiene información, experiencia, perspicacia, visión, estrategia, sabiduría, etc., es como depositar en acciones de bolsa que rinden dividendos. Inviértete en personas y líderes potenciales que tengan capacidad de rendir y dar frutos.

Esto choca un poco al tratar de digerirlo de momento, pero mi experiencia me dictamina que en efecto la influencia del liderazgo no es un regalo sino una inversión, un préstamo que no todos recibirán, porque a medida que maduras en tu propio liderazgo, irás administrándolo más sabiamente. Por otro lado, los que sí reciben la inversión tendrán que rendir cuentas, ya que debe haber una comunicación buena, constante y diáfana entre ambos. En esta relación las dos partes salimos ganando. Es una relación simbiótica, en conclusión, entre nosotros y aquellos que permitimos que entren en nuestro círculo de influencia para invertir en sus vidas —aunque no gratis— pues se trata de no desperdiciar esa valiosa inversión.

> … mi experiencia me dictamina que en efecto la influencia del liderazgo no es un regalo sino una inversión, un préstamo que no todos recibirán, porque a medida que maduras en tu propio liderazgo, irás administrándolo más sabiamente.

Una breve palabra de aviso y de equilibrio:

Líderes que no cedan a la tentación del protagonismo

En algún momento hemos tenido la tentación y la necesidad de ser vistos y oídos. Que nos inviten, que nos consideren, estar muy solicitados, etc. Es el ego que puede carcomernos sin darnos cuenta.

Es curioso pero una de las redes sociales donde se puede detectar esto es en Facebook. Es una plataforma para obtener los quince minutos de fama que muchos anhelan. En esta red cibernética veo cómo líderes de una manera sutil, y otros no tan sutil, "venden" su imagen; después de todo se llama "Facebook", o "dar la cara" literalmente hablando. Algunos muestran sus logros caseros, sus hazañas ministeriales; acaso buscan validez de la comunidad cristiana o de los colegas y contactos "amigos" en el Face (feis). Existe una línea muy fina entre mostrar lo que haces para el Señor, cómo te usa, los lugares donde te lleva, y querer ser visto y buscar la admiración de los demás. Sin duda, es una cuestión del corazón, ¿cuál es mi motivación? Hay que usar discreción y saber la diferencia.

Estoy seguro que Juan el Bautista tuvo esta tentación, al menos por unos segundos, cuando le preguntaron si era él a quien estaban esperando o era otro (refiriéndose al Mesías). En ese momento preciso, en ese examen de su ministerio pudo haberse arreglado su ropa de pelo de camello y su porte hippie y haber dicho: "Pues aquí estoy, no busquen más". Pero prefirió ser fiel a su llamado y al Señor y apuntar hacia Jesús como el Mesías.

Líderes que permanezcan cuando la luna de miel llegue a su fin

Los comienzos en el ministerio siempre son una aventura. Todo empieza como una luna de miel y creemos que podemos "quedarnos ahí" indefinidamente. La cruda realidad es que algunos te la convierten en luna de hiel. Cuando pasa el tiempo mágico donde has estado flotando en esa nube ministerial, aterrizas rápido con el primer incendio que tienes que apagar o la primera crisis que tienes que atender de emergencia. De alguna manera la Novia de Cristo pierde su atracción por unos momentos cuando comienzas a darte cuenta que el vestido está un tanto arrugado y ella está despeinada por los vientos huracanados de las situaciones difíciles que aparecen inevitablemente.

Cuando los otros que se habían unido a tu aventura y sueño comienzan a aterrizar, también se dan cuenta que el ministerio requiere trabajo y mucho. No hay piloto automático. No hay una aplicación o programa para que la iglesia funcione sola o por sí sola. Hay que poner manos a la obra. Hay que mojarse los pies, salir de nuestra zona de confort y meterse, estar donde están los que necesitan de nuestro ministerio. William Carey (misionero inglés) considerado el padre de las misiones modernas, dijo a sus amigos y a los que habrían de sostenerle cuando iba de misionero a la India: "Yo bajaré a la mina si ustedes sostienen las cuerdas".

Una cosa es el ministerio teórico de una clase, estudiando con libros de texto, profesorado y otros estudiantes, que por supuesto es necesario, y otra es el ministerio práctico. Muchos quieren el producto final sin el proceso de maduración y el trabajo. Otros se deslumbran por la conferencia (de turno) de un pastor de éxito (cada uno interprete esto a su discreción) con la iglesia y la familia ideal.

> Muchos quieren el producto final sin el proceso de maduración y el trabajo. Otros se deslumbran por la conferencia (de turno) de un pastor de éxito (cada uno interprete esto a su discreción) con la iglesia y la familia ideal.

Recuerdo la vez que un hermano bien intencionado llegó a la iglesia y se presentó ante mí como ministro del evangelio, con una carta de recomendación de un líder de su país de procedencia. Desconocía a ambos. Le di la bienvenida y por varias semanas asistió a la iglesia. Luego de expresar deseo en servir en la iglesia le comenté que me alegraba su predisposición de servicio. Enseguida me informó de sus intenciones de predicar. Le dije que esa área de ministerio estaba cubierta por mi persona y otros hermanos que servían predicando y enseñando la Palabra. El hermano inquirió de nuevo insistiendo que el Señor le había traído desde su país para predicar en nuestra iglesia. Amablemente le dije que era necesario un tiempo de prueba y testimonio para corroborar sus deseos. Le informé intencionalmente que teníamos necesidad de servicio en la iglesia en limpiar los baños los sábados por la mañana. Su respuesta fue que él no había venido a limpiar baños sino a predicar. El hermano en cuestión como un huracán que aparece queriendo arrasar con todo y todos haciendo estruendo, desapareció del mapa.

El ministerio en la iglesia es como un gran iceberg; la parte visible es solo la punta. Lo que no se ve, lo que está detrás del telón o por debajo del nivel del agua es inmenso, acaso enorme y se mantiene a flote por el arduo trabajo y sentido de misión, de aquellos que están detrás del telón.

He tenido que luchar y lidiar con varias situaciones en mis años de ministerio. Estos asuntos que están ahí, tienes que resolverlos en tu vida. Es como agarrar el toro por los cuernos y no andarse por las ramas, pues si no los resuelves y tomas control, ellos a su vez te controlarán y perderás eficacia en el ministerio. Todo esto debe estar siempre en el radar y prepararnos para lidiar con esas situaciones.

Líderes que no adolezcan de falta de perdón

En la primera iglesia que pastoreé, la cual plantamos luego de varios años de ministerio, sufrimos un revés que nos hizo mucho daño. En lo personal, fue una herida tremenda. Sufrimos en carne propia una división. Atravesamos esta crisis con dignidad y no poco dolor y con las secuelas que dejan estas lides terribles en cualquier congregación. No abandonamos el barco y nos mantuvimos a flote y, a pesar de los vientos en contra, continuamos navegando estos mares por dos años más hasta que entregamos la iglesia. Como es de esperar siempre quedan heridos por todos lados y no es una escena agradable.

Esas heridas quedaron en mi corazón aunque todo se lo entregamos al Señor pidiéndole sanidad. Así fue. Experimentamos sanidad, nuevas esperanzas y nuevo comienzo. Pero quedó una secuela de falta de perdón que había que resolver. Pasaron los años y ya viviendo en el Estado de la Florida, regresé a California y pude en varias ocasiones y viajes reencontrarme con varios de los líderes clave que vivieron esta experiencia. Hubo reconciliación y perdón mutuo y aquello, como decimos, quedó enterrado en el pasado.

El Señor me liberó de todo resentimiento, no porque el tiempo cura las heridas, sino por el poder del perdón de Dios y Su amor incondicional. Por mucho tiempo, eso que ocurrió hace tantos años, estuvo ahí presente. Tuve que buscar reconciliación. En relación con eso, debo decir que la reconciliación me buscó de una manera providencial, fue algo increíble. Les cuento brevemente; bueno, trataré.

En el año 2013 estaba en la Convención de la Iglesia Cuadrangular que reunía una vez más a miles de pastores, líderes, misioneros y colegas en el ministerio de todo el mundo. En medio del tumulto y el gentío alguien me tocó el hombro por detrás y me llamó por mi nombre: ¡Alfonso! Me di vuelta y era un hermano junto a su esposa que cuanto más lo miraba más me parecía conocido. Sin esperar me dijo "Soy Jesús Vargas y ella es mi esposa Lucy". Los menciono por sus nombres porque este testimonio es poderoso y muestra la soberanía de Dios y Su amor. Entonces los reconocí. Hacía unos veintitantos años que no nos veíamos. Le inquirí, "¿Y qué hacen aquí?". Su respuesta fue un baño de alegría instantánea: "Somos pastores cuadrangulares". Claro, si estaban en la convención tenían que ser líderes vinculados al movimiento y el servicio en la obra.

Encontramos un sofá cómodo y nos pusimos al día hablando por horas, hasta la medianoche. Jesús y Lucy fueron una de las varias parejas que salieron de la iglesia a raíz de aquella división. Tomamos nuestros caminos respectivamente y nunca más supimos el uno del otro hasta ese momento en

Dallas, cuando nos volvimos a encontrar. Debo confesar que todo aquello estaba olvidado y resuelto en mi mente y espíritu por años. Jesús Vargas me contó que había sido pastor ya por unos veinte años y había fundado obras en México. El día que fui a ministrar en su iglesia estaban enviando un líder para comenzar una obra en Las Vegas, Nevada. A la fecha, su iglesia tiene tres cultos los domingos por la mañana.

Jesús me mencionó algo que desconocía; que el día que ellos llegaron a la iglesia buscando de Dios, él le pidió al Señor una señal: si la persona que estaba en ese momento dirigiendo la alabanza y tocando la guitarra era el pastor, entonces esa sería su iglesia. Sucede que el que tocaba la guitarra y dirigía la alabanza en ese momento era este servidor. Jesús sirvió como ujier, luego en el cuarto de sonido y otros ministerios. Su esposa Lucy ayudó a mi esposa Alina en el ministerio de los niños. Estuvieron con nosotros y bajo nuestro ministerio y discipulado unos cuantos años. Se pueden imaginar la enorme satisfacción que fue cuando me di vuelta y me encontré con ellos y saber todo lo que el Señor había hecho en sus vidas y a través de ellos.

Pero esa satisfacción no se compara con el momento cuando fui a predicar a su iglesia, en ambos cultos y me presentó a la congregación como su pastor en aquellos tiempos; pidió perdón por lo que había sucedido hacía tantos años. Confieso que me sentí como una hormiga, pequeño, indigno. Su gesto y el espíritu con el que lo hizo me desarmaron y sentí de nuevo ese baño de frescura que trae el perdón y la reconciliación de Dios. Permítanme otra vez decirlo, pues siento un "orgullo santo" al ver a estos dos hermanos y colegas en el ministerio ser usados por Dios. ¿Les mencioné además que Jesús obtuvo un doctorado en teología? ¡Dios es grande!

Líderes que venzan el temor

El miedo al fracaso; al que dirán; incluso a los ancianos o junta directiva de la iglesia; a ese hermano que te tiene en su lista negra; a ser motivo de conversación en el almuerzo del domingo, después del culto; a ser malinterpretado; al rechazo y otros miedos más.

Recuerdo cuando tuve que confrontar a un hermano que ya venía hacía tiempo con una actitud desafiante y poco sumisa. Era un tanto agresivo con sus palabras y sus ademanes. Siendo parte de un ministerio en la iglesia con responsabilidades, cometió un grave error y pecó. Cuando lo confronté, confieso que tenía temor a que hiciera un espectáculo y tergiversara los hechos. Temía que **todo** el asunto me explotara en la cara. No fue fácil, su actitud desafiante salió a la superficie y terminó marchándose de la iglesia. Nos hizo un favor a todos y a él mismo.

Es sabido que el miedo puede hacer que una persona tenga dos reacciones: una que lo paraliza, u otra, que lo impulsa a hacer y decir algo totalmente irracional.

Confieso que en alguna que otra etapa de mi ministerio he vivido esos temores mencionados y otros que no sabría cómo identificar. A veces he sido incapaz de avanzar o tomar una decisión, presa del temor. Y en otras he dicho tonterías o comentarios inoportunos de los cuales me he tenido que retractar. Tranquilo hermano colega, no hay que tirar la toalla. Estos temores son parte de la vida ministerial. Uno tiene que enfrentarse a estos "dragones" y vencerlos con la espada de la Palabra, con la oración en conjunto de otras personas cercanas, como el cónyuge, algún compañero de ministerio y otros amigos de confianza.

Líderes que depongan el orgullo ministerial

Me conozco y sé que puedo pecar fácilmente de orgullo ministerial. ¡Cuántas veces sentado en una conferencia, un culto o reunión, pensé "yo lo puedo hacer mil veces mejor"! Aunque fuera cierto, y por supuesto no lo es, no puedo ni debo pensar así.

Pablo lo dijo bien claro: *"Digo... a cada cual...que no tenga más alto concepto de sí que el que debe tener, sino que piense de sí con cordura..."* (Romanos 12:3).

El Señor me ha tenido que librar de esto pues muchas veces he pensado que una persona que está ministrando en un momento dado, y quizá carece de la misma capacidad intelectual o educación que yo, no me puede ministrar. Es como limitar a Dios diciéndole que no es capaz de hablarme por medio de ese hermano o hermana. Cuando voy a una conferencia, reunión o culto, voy con la actitud y la receptividad de decir, "El Señor me va a hablar, me va a transmitir algo que es para mí y va usar a la persona que está designada para dar la conferencia o mensaje". Dios nos libre del orgullo ministerial; de que nos creamos mejores que los demás.

> El ministerio en la iglesia es como un gran iceberg; la parte visible es solo la punta. Lo que no se ve, lo que está detrás del telón o por debajo del nivel del agua es inmenso, acaso enorme y se mantiene a flote por el arduo trabajo y sentido de misión, de aquellos que están detrás del telón.

Lástima Propia

Todos hemos tenido que "lamer nuestras propias heridas". Las pruebas y problemas en el ministerio vienen y van. A veces hay tregua pero enseguida vuelven a aparecer, es parte de todo lo que hacemos como siervos de Dios. Cómo manejamos esos momentos difíciles, define de qué material estamos hechos. Pero cuidado, porque con la auto conmiseración nos convencemos de que somos víctimas y nos podemos dar permiso para pecar, odiar, o tirar la toalla.

Es un hecho que seremos el blanco de alguien en algún momento dado. Tendremos oposición y resistencia. Esto viene con el territorio. Es inevitable y es parte de la realidad de la vida ministerial. El diablo se opone a la voluntad de Dios; Supermán tiene a Lex Luthor como enemigo. Tú y yo, tenemos a alguien siempre. No significa necesariamente que seamos atacados; más bien me refiero a que nos opone resistencia. Sientes esa pared, esa oposición, ese campo de resistencia, que está ahí; que es obvia.

Puede ser resistencia de parte del vecindario donde está la iglesia, la ciudad o ayuntamiento que no te otorgan los permisos necesarios y te pone zancadillas legales, o la tienda o comercio que tiene estacionamiento y no permite que los hermanos se estacionen aunque esa tienda esté cerrada los domingos, etc.

Para tu información, no eres el único que tiene o tendrá oposición; así que deja de tener tu propia fiesta de conmiseración (en inglés le llaman "pitty party") y no invites a nadie. Dios te ha dado un espíritu guerrero; pelea con las armas que no son carnales sino espirituales porque la victoria está garantizada por el Señor. Levántate de nuevo, sacúdete el polvo y sigue adelante. Sécate las lágrimas y no des más excusas. Pelea como un campeón.

Terminar bien o terminar mal

la meta y el deseo de todo pastor y siervo de Dios es acabar bien su ministerio. Obstáculos y tropiezos aparecerán siempre en este peregrinaje del servicio a Dios. Ya di estadísticas en capítulos anteriores y la realidad es que quisiéramos cambiarlas y revertirlas.

Nos duele oír de las bajas en las filas de pastores y líderes que caen y sucumben, víctimas de la infidelidad, la pornografía, el desfalco y otros males que atacan el liderazgo en la iglesia. De este tema, y bajo el título de "Santidad" abordaremos en otro capítulo.

Echemos un vistazo a tres casos:

El caso de Elí terminó mal

1 Samuel 2-5.

En estos cuatro capítulos se resume el ejemplo de Elí como un liderazgo espiritual decadente. No solo le afectó a él y su ministerio, sino a quienes le rodeaban. Estos fueron los males que le llevaron a su ruina ministerial:

1. Acomodado en su puesto y función. Llevaba 40 años en el ministerio y parecía no tener planes de pasar el bastón de liderazgo.

2. Desatendió su casa y sus hijos. Este fue sin duda el peor de sus males.

3. Padre disfuncional, hijos disfuncionales. No los "estorbó". Imagínense que estos dos personajes (Ofni –en hebreo: busca peleas y Finees –en hebreo: boca de serpiente/veneno, *Dicc. Strong*) fueron los encargados del arca de Dios cuando la trajeron de Silo. El arca representaba la presencia de Dios, lo sagrado, lo santo, lo puro, la cercanía con Dios.

4. Dios "humilló" su casa porque su familia trajo desprestigio a la "casa de Dios" y al ministerio. Dios es muy celoso de su casa. De hecho, cuando Jesús echó a los mercaderes del templo, o sea de Su casa, los discípulos se acordaron de esa frase de David en el Salmo 69:5, lo mismo que en Juan 2:17, "... *El celo de tu casa me consume*". En otra ocasión a los fariseos les llamó "víboras"; no sé si estaría pensando en Finees que significa también víbora y estaba metido en el ministerio.

5. Desconectado de Dios y Su Palabra. ¡Ojo! ¡Podemos estar tan ocupados en la obra de Dios que podemos descuidar al Dios de la obra! No puedes descuidar la Palabra en tu vida. No puedes dar ni entregar lo que no tienes ni has recibido. No puedes alimentar a otros si tú mismo no te alimentas. Busca la relevación fresca y diaria de lo que Dios quiere hablarte hoy.

6. No fue fiel al Señor, ni actuó conforme al corazón de Dios, por eso su casa tambaleó y fue a la ruina. No solo sus hijos murieron a manos del enemigo sino que su nuera muere como resultado final de toda esta tragedia familiar que afectó a todos a su alrededor. Fue un fracaso y desastre familiar.

Las competencias en el liderazgo

7. La Palabra escaseaba. Esto es central en toda esta trama. Cuando falta la palabra profética más segura, que es la Palabra, la predicación y enseñanza para su pueblo, se origina un giro de escasez espiritual que produce miseria espiritual y moral.

8. Como consecuencia, no había visión ni dirección. Elí se quedó literalmente ciego; acaso muestra de su condición espiritual y moral.

9. Le faltó discernimiento. Le tomó tres veces darse cuenta que Dios estaba llamando a Samuel. Sufría de "sordera espiritual" porque no supo discernir ni conocer la "huella auditiva" que deja Dios cuando te ha hablado en otras ocasiones.

10. No vemos indicio de querer enmendar su situación con Dios: *"Jehová es; haga lo que bien le pareciere"* (3:18b). Complacencia. Se había dado por vencido. Lo curioso es que su fin llegó después de liderar/juzgar a Israel por 40 años. Sabía lo que era "descuidar" el arca de Dios y sus consecuencias. Murió desnucado cuando oyó la noticia y se sobresaltó estando sentado y cayó hacia atrás. Triste y patético final.

Su nuera murió dando a luz espantada por todo lo ocurrido y *"ni se dio por entendida"* (4:20-21) y el nombre del bebé que nació sentenció el final de esta saga y legado de este liderazgo nefasto: *Icabod,* que significa "sin gloria".

CONCLUSIÓN:

El ministerio, el pastorado, el servicio a Dios es algo muy serio y sublime. No estamos solos en el ministerio, nuestras esposas, esposos e hijos nos acompañan, vienen con nosotros porque son la parte vital y primordial de nuestro servicio a Dios y Su pueblo. Ellos tienen que estar "a bordo", de no ser así, encallarás. Necesitas la bendición y el apoyo de ellos. Nuestra casa tiene que estar en orden para servir a Dios. Esto significa que somos responsables espiritual y moralmente de aquellos que cohabitan bajo nuestro techo, no importa la edad.

Última palabra: Cuida que tu casa no se vuelva un caso como el de Elí y llegue a formar parte de estas tristes estadísticas.

El caso de Uzías terminó mal

2 Crónicas 26.

Son curiosos los casos de los reyes de Israel. Ver cómo llegaban al poder, cómo vivían, cómo terminaban sus reinados y cómo, en algunos casos, por medio de golpes de Estado, les arrebataban el poder y la vida. Entonces el siguiente rey de turno entraba.

Un resumen: En el caso de Uzías su historia tiene algunas variantes pero puede ser una fotocopia de otros reyes y su deplorable liderazgo. Este capítulo 26 nos sirve para ver cómo este líder terminó mal y por qué.

Los primeros quince versículos tratan de la vida de Uzías, desde el comienzo de su reinado que va en crescendo. En el v. 16 comienza el descenso, su caída en picada. Proverbios 16:18 dice: "Antes del quebrantamiento es la soberbia, y antes de la caída la altivez de espíritu"; en otras palabras, el poder se le subió a la cabeza. Uno de los problemas es que comenzó muy joven; a los 16 años. Era un adolescente que se convirtió en rey.

Del versículo 17 al 19 vemos que se adjudicó algo que no le correspondía hacer. Uzías era rey y no sacerdote. Una cosa era el palacio y otra el templo. Cuando te mueves de donde Dios te puso para hacer algo o entrometerte en algo, que no te pertenece en el plan de Dios, entonces empiezan los serios problemas. Con los designios de Dios no se juega. No puedes atribuirte autoridad que no te pertenece. Debes respetar los parámetros y dónde puedes operar y funcionar. Contra Dios siempre perderás.

Volviendo antes del principio hay varios detalles que mencionar:

Los cuatro monarcas anteriores a Uzías que habían ocupado el trono, habían sido asesinados. No era un buen precedente para uno que buscara trabajo de rey. Ese era el mundo que le daba la bienvenida a este nuevo rey. De corta edad y sin experiencia. Ser rey en aquellos tiempos era una profesión peligrosa pues su propia gente los eliminaba.

Como buen político, Uzías prometió cambios. El problema de su padre, y de otros predecesores, es que se olvidaban de Dios y sus corazones se endurecían. He ahí el problema del líder: el corazón. Algunos al igual que Uzías, comienza bien, *"hizo lo recto ante los ojos de Jehová"* (v. 4),*"y en estos días en que buscó a Jehová, *él le prosperó"* (v. 5).

Pero también es importante cómo terminan…

Logros y progreso de Uzías

PORTENTO

Vs. 6-7, Dios lo ayudó contra sus enemigos. Uzías los conquistó, los venció y estableció su reinado edificando ciudades.

POPULARIDAD

V. 8. Se regó su fama hasta la frontera con Egipto. Fue conocido porque era muy poderoso.

PROSPERIDAD

Vv. 9-10, Construyó cantidad de edificaciones; estaba en el negocio de bienes raíces. Le gustaba tener ranchos, como se les conoce en estos tiempos. Le gustaba la agricultura y la ganadería.

PODERÍO (MILITAR)

Vv. 11-13, Sin duda este rey era un estratega militar. Sabía guerrear. Buscó la prosperidad del reino y esa prosperidad necesitaba ser protegida militarmente. Contaba con un ejército poderoso, bien entrenado y en forma.

PREVENCIÓN

Vv. 14-15, Literalmente dice: *"Y Uzías preparó para todo el ejército..."* todo tipo de armas para los soldados y *"máquinas inventadas por ingenieros"* colocadas en lugares y torres estratégicas.

Está claro que invirtió en armamento y estrategia. A todas luces disponía de un presupuesto enorme para garantizar un reinado de paz y prosperidad.

Todo iba bien hasta que llegamos al v. 16, *"Mas cuando ya era fuerte, su corazón se enalteció para su ruina..."*. Este es el comienzo de males para cualquier líder. Me llama mucho la atención el fenómeno de Facebook donde veo gente que conozco que se autodenomina "figura pública" —imagino que ellos mismos lo escriben ya que nadie hace cambios en sus muros aparte de ellos. ¿Quién les dijo que eran "figura pública"? Lo que sucede es que algunos amigos y seguidores les hacen creer que lo son y otros, como dice el refrán, son "genio y figura, hasta la sepultura". ¡Cuidado!, porque en el momento que te lo crees, te metes en problemas.

Si Dios permite que prosperes y que tengas popularidad como líder, como pastor, no permitas que eso se te suba a la cabeza. Haz un "control de daños" constantemente, porque aquellos que te adulan hoy mañana te crucifican.

Otro grave problema, como mencioné al principio, es que en su hoja de vida decidió agregar algo que no estaba ahí antes: él era rey pero no sacerdote.

¿Por qué Uzías estropeó todo cuando le iba *maravillosamente*, tal y como dice al final del v. 15? ¿Cuál fue su ruina?

El v. 16 nos da la respuesta: *"...su corazón se enalteció...porque se rebeló contra Jehová..."*. El problema no es la posición o el puesto, no es el dinero o la elocuencia, no es lo que se posee, no es la influencia con que cuentes; el problema está en el corazón del hombre cuando se desconecta de Dios y de esta manera le declara a Dios que no necesita más de Él.

Si hay algo que quiere Dios de nosotros, más que nada, es nuestro corazón, porque ese es el centro de nuestro ser. Dios en nosotros es el Señor de todo, o no es Señor de nada.

Uzías empezó a creérselo y a tener conversaciones con él mismo: "¡Qué bárbaro! Lo que he logrado. Todo lo que dicen de mí, es cierto. No ha habido un líder como yo. ¿A quién se le hubiera imaginado hacer todo lo que he hecho y logrado?

Soy un fenómeno. Es más, soy bueno en todo lo que hago, así que me voy a meter a sacerdote. Eso también lo puedo hacer y mejor que ellos. Después de todo soy el rey y me doy permiso para hacer de sacerdote".

Pero cometió un grave error al "entrar en territorio" que no le pertenecía. Había conquistado territorios y establecido esos lugares como extensión de su poderío y autoridad; pero esta vez nos dice el v. 16 *"...entrando en el templo de Jehová..."* estaba entrando en el terreno y la hegemonía del Rey de reyes y Señor de señores. El templo no era propiedad de Uzías sino del Señor; era el templo de Dios.

Leyendo el v. 17 entendemos por qué dice que los sacerdotes que le siguieron eran *"varones valientes",* porque le cantaron las cuarenta (v. 18).

La escena que casi podemos imaginar en los vv. 19 y 20 es tremenda, porque *"antes de la caída viene la altivez de espíritu"*, cuando la lepra le brota en la frente y se le riega por todo el cuerpo, fue marcado por ese color blancuzco de la lepra; ese mal que es lo último que una persona desearía tener y menos un rey en un momento de altivez, de prepotencia. Queda claro que cuando hay lepra, ya no hay orgullo. Aun siendo rey, Uzías quedó marginado y murió, leproso.

La lepra en las Escrituras simboliza el pecado y al igual que esta, el pecado mancha, es contagioso, margina, deforma, destruye, quita vida, señala, separa de Dios y de los demás; limita. El líder espiritual que decide tomar el camino del pecado y rebeldía contra Dios está condenado a una especie de ostracismo. Aunque este es un término político, bien se puede aplicar a líderes y pastores que, por voluntad propia, deciden tomar el camino de la autodestrucción, el camino del pecado.

Hace poco leímos en los medios de la caída de un respetado y querido pastor que logró tomar una iglesia histórica en decadencia y resucitarla. Hombre con legado familiar de influencia nacional y mundial. Aún estamos sentidos y dolidos por él, por su familia y su congregación. Lo triste es que su esposa también cayó en adulterio. Vivimos tiempos donde pastores conocidos y desconocidos sucumben ante la tentación y no terminan bien. Claro está, cuando son famosos, sus pecados también son famosos.

Uzías terminó mal, terminó en fracaso. Su pecado lo apartó, lo hizo invisible, lo marginó. De hecho, el v. 21 dice, *"fue excluido de la casa de Jehová"*.

Uzías no pudo llegar ni lograr aquello que logró sin la ayuda y el respaldo de Dios. Pero llegó a un punto donde traspasó un límite que estaba vetado, el lugar santo de Dios, en Su templo. Y pasó de *poderoso* a *perdedor*.

Este singular líder comenzó bien, hizo las cosas bien; reinó por 52 años y el v. 4 dice *"hizo lo recto ante los ojos de Jehová"*, y v. 5 *"Y persistió en buscar a Dios...entendido en visiones de Dios"*. Evidentemente su vida y sus acciones se "torcieron", dejó de buscar a Dios y perdió la visión espiritual. La lepra lo marcó para el resto de su vida por su grave error.

¡Qué triste es cuando un líder se desvía de su llamado y su propósito! No importa las cosas grandes que haya hecho, los grandes logros, si al final lo tira todo por la borda. Lo que queda del recuerdo no fueron las glorias pasadas sino el fracaso presente, de último minuto. De hecho, eso fue lo que recordó la gente en su entierro: *"porque dijeron: Leproso es"* (v. 23).

Hay que saber manejar bien la prosperidad y el éxito en el ministerio y en la vida. Cuando reconocemos que todo eso proviene de la mano y del obrar de Dios, entonces tendremos una perspectiva correcta. He conocido líderes que han fracasado porque de una manera sutil e ilógica, en su subconsciente, pensaron que habían llegado a la cúspide por sus talentos, dones y capacidades. Se lo llegaron a creer. Es solo cuestión de tiempo, para que la caída sea inminente. Ten mucho cuidado y dale todo el crédito a Dios por todo lo que has logrado en tu ministerio.

Toda esa experiencia hará que brote de ti, tu verdadero yo. Dirá de qué material estás hecho y cómo eres en verdad. Pocos son los que saben mantenerse en el "pico de la montaña"; no todos saben vivir en las alturas: hay poco oxígeno, cambios bruscos de temperatura, la soledad que hay allá arriba, solo puedes ver hacia abajo porque hacia arriba están las nubes, el cielo, etc.

Como todo lo que alcanzamos o llegamos a alcanzar proviene de Dios, no de nuestra mano, ni de nuestra capacidad, debemos tener eso bien claro y presente todo el tiempo. Cuando no lo hacemos, Dios puede retirar Su bendición. En este peregrinaje por la vida, Dios quiere que andemos y vivamos en santidad. Dios tiene Su manera peculiar de perfeccionar y obrar Su santidad en nosotros por todo lo que nos otorga. Si las bendiciones no te santifican, el castigo y la represión de Dios sí lo harán.

Conclusión:

La lepra con sus secuelas de dolor, de heridas en carne viva, de pérdida de carne en las extremidades, provoca llanto, malestar, mal olor. Esa lepra había estado por "debajo de la piel" de Uzías de una manera espiritual y emocional, pero luego apareció como un monstruo que lo mordió mortalmente. Lo puso en cuarentena en su servicio a Dios, sin poder relacionarse con los demás. Uzías no supo ni pudo identificar esa "lepra espiritual" que estaba en el subsuelo de su corazón y lo fue carcomiendo por dentro hasta que lo llevó a la tumba.

Somos lo que somos y hacemos lo que hacemos solo y exclusivamente por la gracia de Dios. Uzías, en términos coloquiales, llegó a ser Don Uzías, pero cuando se le despojó de todo, volvió a ser Uzías a secas, pero con lepra. Su vida y su muerte ponen el cuadro en perspectiva para que nos mantengamos humildes. Cuando por fin Dios lo bajó del "pico de la montaña" se dio cuenta de su vulnerabilidad y humanidad. Es mejor que nos humillemos ante la poderosa mano de Dios que ser humillados por el mismo Dios. Después de todo el Señor nos llama a ser *pastores de carne y hueso*.

Miqueas 6:8 nos insta: *"Oh hombre, Él te ha declarado lo que es bueno, y lo que pide y exige el Señor de ti: solamente hacer justicia, y amar misericordia, y que camines en humildad ante tu Dios"* (paráfrasis mía).

El caso de Pablo terminó bien

A diferencia de Uzías, que comenzó bien pero terminó mal, Pablo (en ese entonces Saulo) comenzó mal pero terminó bien.

Comenzó persiguiendo a los primeros cristianos. Estaba tan encima de ellos en su persecución que literalmente la Biblia dice *"Saulo, respirando aún amenazas y muerte contra los discípulos del Señor..."* (Hechos 9:1), como si los perseguidos sintieran su aliento en sus cuellos. Su cambio fue radical. Estando montado sobre su orgullo, el mismo Señor lo derribó a tierra. Fue ahí cuando comenzó la transición y el cambio de Saulo a Pablo. De ser celoso de la Ley se convirtió en ser celoso del evangelio.

El apóstol Pablo cuando estaba pronto para ser ejecutado declaró: *"Porque yo ya estoy para ser sacrificado, y el tiempo de mi partida está cercano. He peleado la buena batalla, he acabado la carrera, he guardado la fe. Por lo demás, me está guardada la corona de justicia, la cual me dará el Señor, juez justo, en aquel día, y no solo a mí, sino también a todos los que aman su venida"* (2 Timoteo 4:6-8).

Tremendas palabras del gran apóstol Pablo. Lo cierto es que la vida es efímera, corta, breve, pero no debemos desperdiciarla. Dios nos ha dado cierta cantidad de años para vivir y sobre todo para servirle. Lo demás que hagamos es bueno, pero lo más importante es servirle en el área donde nos haya puesto para beneficio de la obra y de Su Reino.

Sobresale aquí, lo que Pablo hizo para que su vida terminara bien:

1) **Peleó la buena batalla**: supo pelear la batalla que valía la pena. Dio de sus energías hasta el final. La imagen es de un luchador de cuerpo a cuerpo o la de un boxeador. No dio golpes al aire, no gastó su tiempo por gusto, se mantuvo en el fragor de la lucha.

2) **Acabó la carrera:** no es una carrera de los cien metros planos, sino una maratón. En sus viajes misioneros, en sus persecuciones, sus enemigos y todas esas vicisitudes le hicieron caer o detenerse, pero no salirse de la carrera. Se levantó, se compuso y siguió corriendo hasta al final, hasta la meta. Esta es una carrera de resistencia y de voluntad firme.

3) **Guardó** la fe: a veces claudicamos pero el Espíritu testifica a nuestro espíritu y nos vuelve a traer al centro. "Es Cristo la roca, el ancla de mi fe", dice la estrofa de un conocido himno. Pablo supo hacer depósitos de fe en el banco de Dios, que luego rindieron interés y ganancia eterna. Pablo supo bien lo que significó "guardar la fe": hubo impostores que falsificaron cartas como si fueran de él *"ni por carta como si fuera nuestra"* (2 Tesalonicenses 2:2b), atacaron su integridad, su apariencia física *"la presencia corporal débil"* (2 Corintios 10:10b), los golpes y el abuso físico que recibió *"en azotes sin número, en cárceles más...de los judíos cinco veces he recibido cuarenta azotes menos uno... una vez apedreado, tres veces he padecido naufragio...en peligros de ríos, de ladrones...peligros entre falsos hermanos...en hambre y sed... en frío y desnudez"* (2 Corintios 11:23-27). Fue presionado por todas partes *"atribulados en todo...en apuros..."* (2 Corintios 4:8).

Desde su conversión en el camino a Damasco cuando se encontró con el Señor quien lo "tumbó en tierra", si me permiten la expresión, hasta estos momentos que se expresa así, supo muy bien al ponerse en el bando de los perseguidos, que su vida iba a ser diferente. De perseguidor se convirtió en perseguido. El precio de seguir y servir al Señor es muy alto y muy caro. Para el mundo y sus ex colegas de linchamientos y ejecuciones, Pablo terminó mal. Para el Señor, todos sus seguidores y el cielo mismo, Pablo terminó bien. Por eso nos dejó estas palabras, *"Por lo cual asimismo padezco esto; pero no me avergüenzo, porque yo sé a quién he creído, y estoy seguro que es poderoso para guardar mi depósito para aquel día"* (2 Timoteo 1:12).

Conclusión:

Es importante echar una mirada al pasado, a la historia, a los ejemplos de líderes que terminaron mal, para no caer en esos mismos errores que se siguen repitiendo en nuestras filas. Más bien, ver ejemplos de hombres como el apóstol Pablo quien luego de vivir una vida sin propósito y tumultuosa se encontró con Aquel que sin saberlo perseguía, y llegó a ser su Salvador y Señor; el apóstol en los momentos antes de su muerte, (que se cree fue por decapitación como era la costumbre de Nerón en esos tiempos de persecución a los cristianos), y viendo retrospectivamente desde que Dios le confió la misión, entregó y encomendó toda su vida a Dios mirando hacia el futuro con los ojos de la fe y la esperanza de oír ese momento cuando el Señor le diría *"... Bien, buen siervo y fiel..."* (Mateo 25:21).

> Es importante echar una mirada al pasado, a la historia, a los ejemplos de líderes que terminaron mal, para no caer en esos mismos errores que vemos se siguen repitiendo en nuestras filas.

6
CAPÍTULO

LA FORMACIÓN DE LÍDERES

Estoy convencido que formar líderes debe ser nuestra prioridad como pastores. Descuidamos esta parte vital del pastorado y liderazgo porque estamos atareados preparando sermones, estudios bíblicos, respondiendo *emails*, contestando llamadas, atendiendo sesiones de consejería, bodas, funerales, etc. Mencionar todos estos, de por sí es agotador. Encontrar tiempo valioso para desarrollar líderes es un verdadero reto. Me he dado cuenta que en ocasiones lo he hecho de una manera consciente y programada pero otras muchas ha sido "según íbamos sobre la marcha".

La iglesia saludable tiene líderes saludables. Nuestro ministerio debe ser reproducible. Debemos "pasar" nuestra experiencia, conocimiento, pericia, discernimiento y todo lo vivido, a la próxima generación de líderes de los cuales te rodeas semana tras semana, y velar por su desarrollo. Esta debe ser una actividad y esfuerzo intencional. No debe ser tan programado como nos imaginamos pues viendo el patrón de Jesús y Sus discípulos mucho de Su discipulado y llamémosle "escuela de liderazgo" fue sobre la marcha. No me refiero a algo desorganizado e improvisado pero sí a un "programa espontáneo" donde sea más bien una vivencia en común y no un "programa" a seguir donde nos volvamos mecánicos en nuestro proceder.

En mi génesis del ministerio en Estados Unidos relato más adelante el testimonio de Juan Vallejo (*Lo que la gente busca en una iglesia relevante, el punto* 4, El ministerio de jóvenes) como ejemplo de desarrollo de líderes. En mi ministerio más contemporáneo, en estos últimos años, recuerdo otros hermanos y hermanas que han servido conmigo, que marcaron más mi vida por el privilegio de trabajar hombro a hombro en la obra que el Señor nos dio.

En estos últimos tiempos se ha usado mucho el término y concepto de "*coaching*" que es el equivalente a entrenadores o directores técnicos. He estado ejerciendo este oficio por muchos años, sin usar ese calificativo. Tal como en los equipos deportivos, los buenos "*coaches*", llegan a serlo porque primero fueron jugadores (en su mayoría) que saltaron a la cancha de juego, corrieron, se esforzaron, ejecutaron jugadas individuales y en equipo, sudaron, pagaron derecho de piso y metieron goles bajo un buen entrenador.

Tengo en mente una pareja que vino a servir, en la segunda iglesia donde estuve pastoreando. Tanto él como ella tenían Maestrías en sus correspondientes carreras. Eran personas muy brillantes, y debo decir, más espirituales que yo en muchas ocasiones. Tenían un discernimiento increíble y sensibilidad al mover del Espíritu, entre tantas otras bondades y dones. Dichos dones y talentos estuvieron "escondidos", reprimidos, acaso enterrados por años, hasta que poco a poco fueron saliendo a la superficie con el roce ministerial semana tras semana. Se atrevieron a hacer, por el Señor, lo que nunca antes habían hecho. Los desafiamos a incrementar su servicio para el Señor y fue un deleite verles servir e impactar nuestra congregación mientras estuvieron con nosotros.

Tuvimos el privilegio incluso de compartir su mismo techo, por un corto periodo de tiempo, hasta que pudimos cerrar el negocio de la compra de nuestra casa. Fuimos de vacaciones y pasamos juntos muchos ratos en familia. Llegó el tiempo que se mudaron de ciudad por cuestión de trabajo y sentimos su partida. Como era de esperar, han servido fielmente en la iglesia donde se integraron y han sido de bendición allí.

Viene también a mi memoria otro hermano, con quien aún tengo una estrecha relación pues, en un sentido, sigo siendo su pastor y amigo. Cuando él llegó a la iglesia, lo hizo como una persona fragmentada. Dios hizo una obra completa en él y su matrimonio. Mientras otras personas y colegas no creían en él, nosotros le creímos y Dios hizo el resto. Después de un buen tiempo de prueba y testimonio (unos dos años) lo invité a ser parte del equipo de liderazgo. Su vida dio un giro tremendo porque creció y desarrolló su ministerio como nunca antes lo había visto. Al igual que la pareja que mencioné anteriormente, este hermano se atrevió a hacer en el ministerio lo que ni él mismo creía que podía hacer. Fue una bendición para la congregación. Aún puedo verlo en actitud de oración antes de entregarme el púlpito para ministrar en la Palabra. Este hermano oraba con *"dunamis"*: energía, autoridad, dinamismo, convicción, explosión. De hecho, la palabra "poder" mencionada en la oración anterior tiene que ver con "dinamita" y en el culto había una explosión de amor. Pablo dice claramente *"Por esta causa doblo mis rodillas* [oro]*... para que os dé... el ser fortalecidos con poder... por su Espíritu... con todos los santos..."* (Efesios 3:14-18). También se mudó lejos; y el Señor lo sigue usado donde ha servido y sirve como líder.

Creo que se habrán dado cuenta que una de las palabras que he usado intencionalmente es *desarrollo* para describir esta capacidad que debe tener el líder-pastor con las personas que Dios le ha dado para servir juntos.

Modo: formar otros líderes

Siguiendo la línea de pensamiento anterior, el apóstol Pablo se dedicó a la formación de líderes.

Hay seis "**Ces**" de la formación de líderes que nos dio Pablo en 1 Tesalonicenses 2:7-12:

1) **C**uidado

"Antes fuimos tiernos entre vosotros, como la nodriza que cuida con ternura a sus propios hijos"(v. 7).

Cuidar a los que uno sirve y está formando como líderes debe ser la prioridad. Significa tener un verdadero interés por sus vidas, matrimonios, familias, trabajos. Cuidado significa invertir tiempo en ellos. Estar pendientes de una manera genuina. Tener un oído atento a tiempo y fuera de tiempo. Es nutrir y alimentar sus vidas. Esto requiere invertir tiempo para orar juntos, conversar, reír, llorar, leer la Palabra, y compartir momentos de diversión y ocio.

2) Compañerismo

"Tan grande es nuestro afecto por vosotros, que hubiéramos querido entregaros no sólo el evangelio de Dios, sino también nuestras propias vidas, porque habéis llegado a sernos muy queridos" (v. 8).

Este versículo denota una profunda amistad. Amigos de verdad porque había un compañerismo de verdad. El cariño era sincero, real. Pablo usa palabras como "afecto" y "muy queridos".

Esto es compañerismo: compartir tiempo, llorar juntos, estar presente en las decepciones, depresiones, logros, partir el pan, llevar las cargas del otro; también en los desafíos como padres al criar a nuestros hijos.

3) Conducta

"Vosotros sois testigos, y Dios también, de cuán santa, justa e irreprensiblemente nos comportamos con vosotros..." (v. 10).

Somos de referencia para aquellos que estamos discipulando y formando como líderes. Esto pone un peso de responsabilidad sobre nosotros muy grande porque el ministerio es muy grande. Somos ejemplo en todo lo que hacemos, decimos, actuamos, procedemos, etc. Modificamos la conducta de aquellos que formamos como líderes, no por lo que decimos sino por la manera en que vivimos.

4) Consejo

"así como también sabéis de qué modo, como el padre a sus hijos, exhortábamos..." (v. 11).

Pablo aquí nos dice que estaba en "modo" exhortación. Esto es, impartir consejo, bendición. Es, como mencioné en la introducción, ayudarles a encontrar y desarrollar sus dones y talentos. Darles permiso para usarlos e incluso cometer errores; después de todo, así aprendimos nosotros a ser líderes y a hacer ministerio. No rehusemos darles "todo el consejo de Dios".

5) Consolación

"así como también sabéis de qué modo, como el padre a sus hijos, exhortábamos y consolábamos..."(v. 11).

En la vida de nuestros líderes no todo es camino de rosas, todo el tiempo. En ocasiones nos tocará ir al lado de ellos y consolarlos, animarlos en los momentos difíciles que puedan atravesar. Como la función del Paracletos, caminar a su lado y a veces simplemente estar ahí, disponibles, porque el ministerio a veces es complicado, así como lo es la vida. Una palabra de ánimo en el momento oportuno puede hacer la diferencia.

6) Carga

"Y os encargábamos que anduvieseis como es digno de Dios, que os llamó a su reino y gloria"(v. 12).

Cuando alguien asume la carga del ministerio, se ha formado como líder. Ser líder es desafiar a los que formas a llevar la carga y a tener carga por la obra. Siempre las personas son más importantes que los programas. Es por eso que sería utópico y absurdo poner la carga del ministerio sobre un programa (ya que terminaría en desastre) pues ha de ponerse sobre personas aptas para el ministerio.

Este compartir la carga del ministerio tiene que ver con ese "empujón" que le dimos a la pareja y al hermano que formamos como líderes, en nuestra iglesia, para que se atrevieran a trabajar por el Señor logrando así que pudieran consolidarse. El resultado en ambos casos fue una mejoría y crecimiento visibles porque experimentaron desarrollo personal. Todo se dio al permitirles compartir la carga.

Después de todo, ¿cuál es nuestra máxima satisfacción como líderes que formamos a otros líderes? Como dicen los vv. 19 y 20, *"Vosotros sois nuestra gloria y gozo".*

> En estos últimos tiempos se ha usado mucho el término y concepto de "coaching" que es el equivalente a entrenadores o directores técnicos. Los buenos "coaches", llegan a serlo porque en su mayoría, primero fueron jugadores que saltaron a la cancha de juego, corrieron, se esforzaron, ejecutaron jugadas individuales y en equipo, sudaron, pagaron derecho de piso y metieron goles bajo un buen entrenador.

Capítulo 7

El líder sabe la importancia del trabajo en equipo

Introducción:

Es sabido que en el mundo de los deportes los equipos son preciados, pero no sabíamos que eran tan preciados como los equipos de fútbol americano a nivel universitario. En los Estados Unidos la fanaticada del fútbol americano universitario es casi como un grupo religioso. La popularidad de los equipos es increíble. Quedé sorprendido cuando supe que los cincuenta equipos más prominentes en esa liga, entre todos valen la escandalosa suma de 19.000 millones de dólares, (Wall Street Journal *"How much is your favorite college-football team worth?"*). Para los fanáticos del fútbol *soccer*, como yo, el deporte rey lleva la delantera. Los veinte equipos del mundo que más se cotizan suman más de 23.000 mil millones de dólares.(*Revista Forbes, junio de 2015*).

¿Cuánto valoramos nuestros equipos de trabajo? ¿Cuán "fanáticos" somos de nuestros equipos de trabajo? ¿Cuánto invertimos en ellos?

En una nota que me hice como recordatorio de la importancia de este tema y que siempre tengo frente a mí en la oficina, dice: "El equipo es más importante que el entrenador".

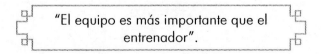
"El equipo es más importante que el entrenador".

Mis lecciones de vida

Durante mi trayectoria he encontrado por lo menos trece aspectos esenciales e imprescindibles para liderar un equipo.

Existen mínimo dos escuelas de pensamiento en cuanto al liderazgo. He sido parte de las dos escuelas o "campamentos" cuyas filosofías eran: "no guardes las distancias" con aquellos a quienes sirves como pastor o líder; y, "guarda la distancia".

He abrazado más aquella donde vi personalmente cómo mi padre, pastor y misionero, no guardó distancias con aquellos a quienes discipuló y sirvió. Entendí lo que significa un verdadero "ministerio encarnacional" que funciona usando el principio del mismo Jesús: Siendo Dios, se hizo carne, se encarnó y vino a ser como uno de nosotros para poder llegar a donde estábamos. De la misma manera, somos llamados a un ministerio donde nos acercamos, nos "encarnamos" en la vida, la cultura y el mundo de aquellos a quienes servimos.

Por esa razón, señalo estos trece puntos esenciales e imprescindibles para un liderazgo eficaz, pragmático, humano, usando el patrón del líder por excelencia: Jesús. Todos estos reflejan a Cristo, nuestro modelo de liderazgo, que deben darse dentro del contexto de un equipo de liderazgo:

1. **CERCANÍA...a los demás.**

El nivel de influencia de un buen líder hacia aquellos con quienes trabaja aumenta exponencialmente cuando existe un genuino y saludable acercamiento.

Como mencioné en mi introducción a esta sección, he vivido y practicado las dos escuelas y la más lógica y bíblica – sin ninguna duda– es el ejemplo de Jesús que se "acercó" al hombre al hacerse como uno de nosotros. Hizo contacto con ricos, pobres, bandidos, políticos, religiosos, familias, militares, etc. Tuvo amistades muy especiales y cercanas como Lázaro y sus hermanas, pero sin lugar a dudas los doce fueron sus más cercanos. Esos doce hombres, que se convirtieron en sus discípulos, experimentaron la cercanía de Jesús como líder: comieron, rieron, lloraron, sufrieron, caminaron...juntos. Dentro de ese grupo, con dos de Sus discípulos, Jesús tuvo una interacción más directa y profunda, Pedro y Juan. De esos dos, uno: Juan, estuvo aún más cerca de Él, no solo porque se le conocía como el discípulo amado sino que el Señor intencionalmente se acercó más a Juan como ejemplo de liderazgo para mostrarse humano y compasivo.

2. **CONEXIÓN...con los demás.**

Jesús fue a la casa de Mateo y comió con él. Le dijo a Zaqueo que bajara del árbol sicómoro; Jesús pasó intencionalmente por donde estaba Zaqueo. Él llamó a los discípulos en el medio ambiente donde se movían, vivían y hacían su vida. A Juan y su hermano los llamó cuando iban a pescar. Jesús estaba conectado con todo el mundo: creyentes, incrédulos, fariseos, seguidores, detractores, políticos, pobres, ricos, hombres, mujeres, niños, familias, extranjeros, etc. El líder precisa una coyuntura para que pueda alcanzar una verdadera conexión con las vidas, familias, trabajo, luchas, altas y bajas, y toda la gama de situaciones que compone una verdadera relación humana con sus liderados.

3. INVERSIÓN...en los demás.

Como líder necesito oír el latido de los corazones de aquellos que trabajan conmigo. Debo invertir en ellos, en sus vidas, en sus familias. Todo líder es inversionista en otras personas a quienes está formando.

Me llamó la atención algo que John Maxwell escribió con relación a invertir en los demás. Lo tituló: *"Mi contrato de préstamo a líderes potenciales":*

> Puedo darte una posición de liderazgo,
> debes ganarte el permiso de dirigir.
> Puedo darte la oportunidad de dirigir,
> debes sacarle el máximo provecho a esa oportunidad.
> Puedo establecerte como un líder con potencial.
> debes sostenerte al cumplir tu potencial.
> Puedo conseguir a personas que te sigan hoy.
> Es necesario que tú halles a tus seguidores mañana.
> Mi influencia para ti es un préstamo, no un regalo.
> Expresa gratitud y utilízala sabiamente.
> Dame dividendos sobre mi inversión.
> Da dividendos a otros sobre mi inversión.
> Date dividendos a ti mismo sobre mi inversión.
> (*"El Manual del Liderazgo"*, John Maxwell, Nelson.)

4. CAPACITACIÓN

Has visto cómo lo hago, ahora hazlo tú. Es cómodo ver cómo lo hacen los demás. Más cómodo aún es criticar desde el asiento, sentado entre los demás espectadores. El líder que posee ese ojo clínico, identificará a esos líderes en potencia y los capacitará. Verá la "capacidad" individual y la llenará con conocimientos, sabiduría, teoría, práctica y todo esto a la par de muchos "empujones" a zambullirse en el ministerio haciendo, obrando y ejercitando los talentos y dones que Dios ha depositado en ellos.

Un líder así les dará la oportunidad de hablar en público, en privado, de ejecutar tareas, y en medio del proceso les permitirá cometer errores. Porque solo de esa manera aumentará su capacidad y podrán crecer.

5. LEALTAD

"El que no está conmigo, contra mí es", Jesús (Lucas 11:23a). Como líder, debes demandar compromiso. La lealtad de las personas no solo se ve en acciones y comportamientos alineados con el líder, sino que ha de verbalizarse en conversaciones cara a cara. No se puede dar por sentado, ni imaginarse, ni se tiene que esperar. El compromiso y lealtad han de ser declarados personalmente. Cuando la situación se ponga difícil, será el momento de prueba: el examen para distinguir la verdadera lealtad. Pedro fue probado cuando se le preguntó si él era uno de esos que seguía a Jesús o si lo conocía. En esa ocasión Pedro no pasó la prueba y lo negó, no solo una sino tres veces.

6. DEPENDENCIA

¿Tenéis para darles de comer? Esta pregunta venía precisamente del mismo "Pan de Vida". Jesús, en un momento crítico donde había una multitud de cinco mil personas, siendo el Dios Todopoderoso, el creador de los milagros, decide depender de Sus asistentes, los discípulos. Fue una dependencia simbiótica muy saludable que hizo que los discípulos usaran su imaginación y se pusieran las pilas para ver su capacidad creativa al buscar una solución rápida entre ellos. Después Él haría el milagro pero quiso ver la "materia prima" para obrar el milagro.

7. ELEVAR

Llevar a los demás a otro nivel. Jesús llevó a Sus discípulos a la montaña. En Mateo 5:1-2 dice *"...subió al monte; y... vinieron él sus discípulos. Y les enseñaba..."*. Los llevó a otro nivel, los elevó cuando les impartió la enseñanza más crucial hoy conocida como "El Sermón del monte".

Transmite a tus líderes tus conocimientos, llévalos a conferencias, pásales información vital; en otras palabras, invítalos a subir contigo a superarse. Dales una mano y ayúdalos a salir adelante.

Jesús hizo eso con Pedro cuando le invitó a caminar con Él sobre las aguas. Cuando este se hundía por el acoso del viento contrario y las aguas, pidió ayuda y Jesús le tendió Su mano y lo sacó de aprietos. En ocasiones tendremos que hacer lo mismo por los líderes que estamos formando, no sólo en sentido moral y espiritual, sino materialmente hablando. Tal como lo hizo Jesús.

8. COMPAÑÍA

"...en compañía de sus discípulos..." (Lucas 6:17). Jesús buscaba la compañía de Sus discípulos. De allí podemos extraer las palabras compañeros, compañerismo, etc. Estar juntos y compartir. Cuando estás rodeado de la gente adecuada, en el ministerio, vas a querer buscar su compañía, su conversación, su presencia. Los discípulos —estoy seguro— completaban la existencia de Jesús como hombre; esa parte humana de Cristo que necesitaba día a día, al igual que nosotros. No somos una isla, nos necesitamos unos a otros. Para eso es el compañerismo.

9. MOVILIDAD

Para los lados, arriba, abajo. No esperes que vengan a ti, ve a donde están. Es tremendo que Jesús una vez que comenzó Su ministerio y reclutó a los doce, se puso en movimiento. Para todos lados. Incluso hizo visitas de cortesía, con propósito, y ahí siempre estaban los discípulos. Jesús iba donde estaba la gente y aquellos que estaban conectados a Él. Cuánto más nosotros, necesitamos ir a donde están nuestros líderes, aquellos que servimos y pastoreamos. ¡Qué contraste hoy en día, cuando la gente tiene que hacer citas porque las agendas de algunos pastores son tan complicadas y, en algunos casos, intocables e inaccesibles! Es lógico que un pastor de una iglesia multitudinaria no pueda atender a toda su congregación (para ideas, vuelva a leer y repasar el capítulo III, El liderazgo de Moisés, bajo el subtítulo "El arte de decir las cosas como son"), pero un líder siempre pasa tiempo con sus discípulos.

10. EXTENSIÓN

Flexibles y elásticos: se extendieron hacia adelante. "...*extendiéndome a lo que está delante*" (Filipenses 3:13). Atrás queda mucho. Atrás queda la historia para aprender de ella, pero el futuro está por delante. Extensión tiene que ver con visión. No podemos extendernos a lo que está delante si no lo vemos. Un líder debe ser flexible para poder extenderse: "Bienaventurados los flexibles porque no se romperán".

11. INFLUENCIA

Esto nos habla de peso: "el peso de su gloria", "el peso de su presencia", "el peso de sus palabras". Ejemplos: Churchill, Ronald Reagan, mi propio padre ➽ sus vidas, palabras, ejemplos...continúan influenciando.

OJO: No regales tu influencia. Préstala con cuidado. Presta tus conocimientos, experiencia, contactos, consejos, sabiduría, relaciones, niveles, valiosa información, capacidades, intuición, carisma, etc. (John Maxwell *"Manual del Liderazgo".*)

12. CREDIBILIDAD

Cuando otros depositan en ti su fe, confianza, tiempo, secretos, información, etc., se dice que tienes credibilidad. Esta se compara con depositar constantemente en un banco emocional y moral tu testimonio, tu conducta, tu hablar, tus expresiones, tu actitud; depositar de ti mismo en la cuenta de otros, de tal forma que los que te rodean puedan sacar de ese banco la moneda credibilidad; algo de tanto valor y sin precio, en el liderazgo.

13. OJO CLÍNICO

Tener ese "ojo clínico", ver e identificar la gente buena, los líderes y los motivados no se forjan ni se hacen, ya lo son. Poseen motor propio, eso viene "de fábrica". Identifícalos y "empújalos" a subir, a escalar, a volar más alto...a despegar.

El trabajo en equipo

Esta sección describe un perfil y enfoque empresarial pero es muy pragmático para nuestros ministerios y organizaciones.

Para que una organización sea pujante y en constante crecimiento, según los expertos, son necesarios tres requisitos:

1) Las *finanzas*. Esto es, recursos económicos o financieros, presupuestos, administración, etc. Es necesario el dinero para generar más dinero. En nuestro ámbito ministerial es vital saber administrar el dinero para poder contar con un ministerio saludable.

2) La *estrategia*. Es necesario tener un plan estratégico, o sea, cómo llegar a donde se quiere llegar trazándose "un mapa". Hay un refrán en inglés que dice "Aquellos que fallan en planificar, planifican fallar". Dentro de una buena estrategia debe haber lugar para un cambio. Cuando se habla de cambio muchos líderes se ponen tensos porque nos gusta el confort de lo conocido, de lo rutinario y cambio significa entrar en zonas desconocidas. El cambio es necesario para el crecimiento.

3) La *tecnología*. Vivimos en la era de la información: la queremos ahora mismo. Rapidez en las comunicacio-

nes hace la diferencia. El peligro es que la tecnología nos puede hacer más autómatas y menos humanos. Ese es el peligro de la codependencia de la tecnología. Típico en nosotros hoy día, el hecho de no memorizar los números de teléfono como antes y ahora cuando nos preguntan por uno, precisamos ver nuestros contactos en los dispositivos móviles.

Pero, ¿qué factor es más importante que tener buenas finanzas, una excelente estrategia y una tecnología de punta en una organización? ¿Qué está por encima de todo esto? La respuesta: el *factor humano*, y con él, el trabajo en equipo.

Las organizaciones que han logrado trabajar en equipo tienen la ventaja, la delantera competitiva sobre otras organizaciones, en este nuevo siglo que nos toca vivir. ¿Por qué digo esto de una manera enfática? Porque en primer lugar esta es una *fortaleza*; y en segundo, porque es muy *raro*, hoy no se ve mucho.

Al igual que en las competencias de piraguas, donde todos tienen que remar sincronizados a la voz de uno que dirige y motiva, si logras que todos los miembros del equipo "remen en la misma dirección y a la misma vez", podrás llevar tu organización a otro nivel porque aventajarás a la competencia y dominarás el rubro en que te desenvuelves.

Para muchos esto es una verdad como un templo, para otros muchos es un imposible, algunos me han dicho que el trabajar en equipo es una "misión imposible". Hay esperanza, hay ayuda y creo que podemos vislumbrar algo positivo. De ahí que haga la transición al próximo segmento:

Resumen de "Las cinco disfunciones de un equipo"

Tuve el privilegio de asistir a la conferencia que dictó Patrick Lencione, experto en temas empresariales, cuando recién había lanzado su libro que lleva el título de este encabezamiento. Me abrió los ojos, pues esta manera de entender el trabajo en equipo no solo en el ámbito profesional y secular, sino en mi contexto de pastor, me fue muy útil. He estado dando conferencias y talleres usando estos principios e ideas que yo mismo puse en práctica con mi equipo en la iglesia, así también en los equipos de trabajo de los cuales he formado parte en el ámbito profesional.

Cuando se habla de "disfunción", se habla de una debilidad o *hándicap*.

Según Lencione, hay cinco disfunciones que debemos analizar y ver cuál es el papel del líder en cada una de ellas:

Primera disfunción: *Falta o ausencia de confianza*

El temor a ser vulnerable con los miembros de su equipo impide que aumente la confianza en ellos. Vivimos y funcionamos en un ambiente muy competitivo. Por eso cuando se menciona confianza, surge la pregunta ¿qué es eso?, ¿confianza en nuestro ambiente de trabajo? Eso ocurre en otros lugares pero no aquí, lo hemos visto en las películas de ficción... Confianza tiene que ver con *vulnerabilidad*, franqueza, sinceridad.

¿Cuál es el papel de líder para combatir esa disfunción?:

Confiar en los miembros de Su equipo, si es que van a sobrevivir como organización. Sér vulnerable y admitir cuando uno se equivoque; eso nos hará más fuertes y más humanos a los ojos del equipo.

Segunda disfunción: *Temor al conflicto*

La definición de conflicto es "una cuestión que se debate, materia de discusión". Por lo general casi todos evadimos el conflicto. Pero lo peor de un conflicto es no hablar del conflicto. Es como aquel "elefante en el salón" que todos ignoran y nadie quiere admitir su presencia. Hay que hablar de los problemas y no andarse con rodeos. El deseo de preservar una "armonía artificial" detiene la creatividad productiva de un conflicto porque cuando existe un conflicto hay que resolverlo y de una manera creativa. Los conflictos se deben tratar en las reuniones y no en los pasillos, a puerta cerrada, o en el estacionamiento.

¿Cuál es el papel de líder para combatir el conflicto?:

Exigir el debate. Aunque suene un tanto descabellado, es saludable. Que no quede nada en el tintero. Traigamos el asunto en cuestión a la mesa y discutamos de una manera civilizada y profesional el problema.

Tercera disfunción: *Falta de compromiso*

La falta de claridad y franqueza o el temor a estar equivocados hace que, los miembros del equipo, no tomen decisiones de una manera definitiva y correcta. Todos los que se subieron contigo en tu piragua tienen que remar a la misma vez e ir en la misma dirección. Deben manifestar ese nivel de compromiso. Es necesario que se definan desde el principio para evitar que en medio del fragor y la intensidad de la competencia alguno deje de remar con los demás y cause un caos desmoralizando a los otros miembros.

¿Cuál es el papel de líder para fomentar el compromiso?:

Forzar la claridad y la franqueza. Que no quede nada nebuloso ni escondido; que todo esté claro. El líder tiene que ser claro y estar claro.

Cuarta disfunción: *Evadir la rendición de cuentas*

Ninguno de los miembros del equipo está por encima de la ley o las normas establecidas. Es saludable rendirse cuentas los unos a los otros, eso crea una fortaleza interna y permite que todo el equipo mantenga la cohesión. No esperar a la crisis porque puede ser muy tarde. Debemos fomentar integridad en el equipo.

¿Cuál es el papel de líder entonces?:

Confrontar temas y asuntos difíciles. Pedir a los demás que rindan cuentas y rendir siempre cuentas. Esto es saludable para todo el equipo y ayuda a mantener un nivel de honestidad alto. No dilatar ni posponer un asunto difícil ayuda a resolverlo más pronto. Es mejor ahora que después.

Quinta disfunción: *Desatender los resultados*

La importancia de enfocarse en los resultados colectivos. El deseo de un miembro de llevarse la gloria erosiona el enfoque en el éxito colectivo. No es cuestión de "yo" sino de "nosotros". Es importante para un equipo orientarse en los resultados.

¿Cuál es el papel de líder?:

Enfocar a todos en los resultados colectivos. Como líder, debes proponer metas que sean alcanzables y realistas. Realzar y trabajar en la unidad del equipo porque se trata de todos y no de uno solo.

¿Cómo superar cada una de estas disfunciones?

Primera: *Confianza*

Lleva tiempo crear y tener confianza. Aun cuando se rompe la confianza es posible repararla. Invita a los demás al consenso de toma de iniciativas.

Segunda: *Conflicto*

Aunque parezca contradictorio, el conflicto ayuda a tener mayor intimidad. Esto es, desarrollar relaciones intrapersonales mejores y más duraderas.

Tercera: *Compromiso*

No es cuestión de pensarlo sino de decirlo, verbalizar el compromiso. El liderazgo en esencia es las promesas que hacemos y las promesas que cumplimos.

Cuarta: *Rendición de cuentas*

Los grandes equipos van al grano cuando los miembros tienen que rendir cuentas unos a otros. Si los miembros no se responsabilizan de sus hechos y de su trabajo, entonces el equipo no podrá mantenerse unido.

Quinta: *Resultados*

Hablando de ser más humanos y de tener más cercanía con los miembros del equipo; que no se nos olvide que los "resultados" a veces son las personas mismas por su valor intrínseco y sus logros en favor del equipo.

Recuerdo cuando asumí la responsabilidad de mi segundo pastorado. Había heredado una congregación que había sufrido y perdido mucho. Ahora llegaba yo a intentar sanar heridas, a traer un mensaje de ánimo y esperanza, a "animar las tropas" a que fueran a la batalla de nuevo. Cambiamos el nombre, la identidad y la dirección de la iglesia, no solo al mudarnos a otro local sino en la dirección, en cuanto a propósito y metas para poder respirar aires de renovación. Fue una tarea enorme pues algunos colegas en el ministerio trataron de disuadirme de no embarcarme en semejante proyecto, sin recursos, sin muchos ánimos y bríos, sin local propio, etc.

Ni bien asumí el cargo uno de los líderes me informó que él y su esposa habían sido fieles al pastor anterior y que ellos pensaban irse de la congregación, pero se quedaban porque el pastor saliente les había pedido que permanecieran un tiempo para apoyar la transición y sentían que aún no era el momento de hacerlo. Siempre agradecí su franqueza y transparencia. Aun así, con ese tipo de bienvenida, confieso que quise buscar la puerta de salida más cercana y huir corriendo. Sin embargo no lo hice.

En contra de todas las apuestas, mi esposa y yo nos quedamos, porque sentíamos que Dios nos quería en ese lugar en ese momento. El hermano en cuestión y su esposa, a quienes apreciamos y queremos mucho, se quedaron varios años y fueron parte esencial del liderazgo y del equipo. Pero ese deseo y plan inicial lo tuvieron todo el tiempo, hasta que por fin hicieron su salida de una manera elegante y madura. Mantenemos una gran amistad y compañerismo y por siempre estaré agradecido por su liderazgo y sincero apoyo.

Tuve el privilegio de contar con un equipo de ensueño (dream team) por unos años, ya que los otros integrantes también eran líderes excepcionales, con talentos y dones tremendos que juntamos para llevar la obra adelante y vivimos tiempos de mucha bendición y compañerismo. Les puedo asegurar que sin ellos no hubiera podido pastorear la iglesia. Sin duda alguna, hermanos como estos son dones que el Espíritu Santo da a la iglesia para avanzar la obra.

Mantener la unidad de propósito y el liderazgo, en un equipo de trabajo, no es tarea fácil. Se necesita mucha tenacidad y empeño. Siempre habrá retos y gente muy linda en la viña del Señor que probarán tu fe y tu temple de maneras insospechadas. Pero no te des por vencido, sigue adelante y usa todos estos recursos para mejorar tu ministerio y llevarlo a un mejor nivel. Vuelvo a mencionar la nota que colgué en mi oficina para ayudarme a recordar esta gran verdad: "El equipo es más importante que el entrenador", esto me ha ayudado a mantener la cabeza sobre los hombros.

8
Capítulo

Santidad

¿Qué pasó con la integridad, la ética y las convicciones? Pareciera que las han tirado por la ventana cuando vemos la falta de santidad, la falta del temor de Dios que estamos viendo en sectores del liderazgo evangélico.

Nos quedamos anonadados cada vez que nos enteramos de algún pastor prominente y respetado que cae en pecado; peor aún, cuando nos enteramos por las noticias de la televisión.

Cuando uno cae todos pagamos los platos rotos. Los que son incrédulos nos miran y hacen comentarios acusatorios; los hermanos en la iglesia te preguntan y tienes que ser muy sabio y sensible, y usar discreción para dar algún tipo de explicación sensata porque todo esto origina desconcierto y desprestigio al ministerio, a la iglesia en general y, sobre todo, a la causa de Cristo.

Hay cosas en la vida de un pastor que no son negociables. La santidad es una de ellas. Vivir en santidad, vivir una vida de santidad aún sigue estando tan vigente como cuando Dios dijo: "... *Sed santos porque yo soy santo*" (1 Pedro 1:16).

Jesús mismo en Su mensaje y enseñanza magistral a Sus discípulos, cuando los llevó al monte les dijo: "No os hagáis, pues, semejantes a ellos..." (Mateo 6:8). "Ellos" se refería a los del mundo, a los gentiles. En esencia les estaba diciendo a los discípulos: No os hagáis como los del mundo; que ellos se hagan como vosotros. Este es el mensaje central y principal del Sermón del monte. Dios quiere que Sus líderes, aquellos que le representamos, lo hagamos bien, de una manera transparente, santa.

El constante roce con lo inmundo nos hace tan vulnerables como cualquier otro seguidor de Cristo. Pero el estándar para nosotros es más alto por la responsabilidad de ser como Cristo y pastorear Su rebaño.

Los modelos a seguir, hoy en día, no son fidedignos ni ejemplos claros, para una iglesia que puede estar minada de incompetentes del púlpito o de personas carentes del llamado al pastorado, que corren el riesgo de desviarse por no estar bien dirigidos en el camino.

Tristemente conocemos muchos casos de fracasos morales de grandes líderes, que han hecho daño al Cuerpo de Cristo y no es mi intención enunciarlos. Lo que sí viene al caso es ver qué dice Dios en Su Palabra sobre los estándares para Sus líderes.

Es necesario volver a repasarlos y establecerlos una vez más, no solo por los nuevos líderes que se suman a las filas del pastorado y el ministerio, sino a todo ese ejército de veteranos de batallas que necesitamos visitar de nuevo, todos estos principios y conceptos que nos dan norte, dirección, que aún siguen siendo la brújula espiritual y moral en nuestras vidas.

En ningún modo puedo sonar simplista cuando estamos hablando de santidad y de llevar vidas puras y transparentes ante Dios y ante aquellos a los que servimos en Su obra.

Pablo le da estas directrices a Timoteo, y bien viene repasarlas de vez en cuando; al menos es un hábito en mí leer y releer ciertos pasajes bíblicos todos los años para estar fresco y enfocado en mi ministerio. Uno de ellos es el Sermón del monte y el otro es este:

Dieciséis requisitos de un pastor

1 Timoteo 3:1-7.

Para esta sección usé la siguiente bibliografía:

The Word Study New Testament (Tyndale); Nuevo Testamento Interlineal Griego-Español, Francisco Lacueva (CLIE); The Expositor's Bible Commentary, Frank Gaebelein, Vol II (Regency Reference Library); Be Faithful, Warren Wiersbe (Victor Books); Pastores de Promesa, Jack Hayford (Unilit); Comentario Bíblico, William MacDonald (CLIE); Concordancia Exhaustiva de Strong (Caribe).

En el v.1 Pablo nos exhorta a que promovamos –en nuestras iglesias y comunidades cristianas– el servicio a Dios en el pastorado. Es cierto que lo que vemos y oímos da miedo, en vez de ánimo y seguridad para buscar el prepararse para el ministerio cuando hay un llamamiento. Tenemos la gran responsabilidad de discipular a la próxima generación, para el servicio en la obra de Dios; a aquellos que Él levanta; a estos pastores en potencia llamados desde una clase de Escuela Dominical hasta un viaje misionero con los jóvenes de la iglesia, despertando así ese "anhelo de obispado".

Obispo y pastor son términos prácticamente sinónimos, ya que la responsabilidad y función en la iglesia es la misma. Hoy en día en algunas denominaciones el obispo (supervisor) está por encima del pastor en autoridad por la responsabilidad que asume de velar por un número de iglesias bajo su cargo y distrito. El caso específico en este pasaje, y la organización y el gobierno eclesiástico en los tiempos de la iglesia primitiva y apostólica, era menos complicado, era más sencillo.

Lo relevante, y que nos atañe, es que estos hombres tenían, como sucede hoy, que cualificar; esto es, contar con las siguientes características y requisitos.

Estos son los estándares que el gran Pastor Jesucristo requiere de los que han de cuidar Su grey:

1) *Irreprensible*

Anepileptos (gr.): No arrestado; o que no se le puede echar mano, prender o sorprender en algo malo. Inculpable. Que tiene una conducta sin reproche. Que no se le puede culpar luego de un examen imparcial. Que no ha dado motivo para ser criticado.

Un pastor es irreprensible, aunque es pecador e imperfecto como todos, cuando su reputación es intachable. Significa que el diablo no tiene nada de donde pueda "pillarlo", ponerlo contra la pared y ridiculizar la iglesia.

Desafortunadamente sabemos y conocemos lo que es un pastor "reprensible", aquel que es digno de represión.

2) *Marido de una sola mujer*

Este requisito es interesante porque implica varias condiciones en el pastorado.

Primero, para ejercer mejor el pastorado, el pastor debe estar casado. He conocido varios pastores solteros que cayeron en pecado, precisamente por la dificultad que representa ser líder espiritual de un rebaño, sin tener un cónyuge. De por sí, ser pastor, es una posición ventajosa, de autoridad; y ese liderazgo si no está equilibrado con una esposa como apoyo moral, espiritual, emocional y físico (intimidad sexual), puede ser complicado al lidiar con personas del sexo opuesto, pues eso le hace vulnerable, por sus propias necesidades como persona, y como hombre. Por eso la directriz de Pablo es muy sabia cuando dice "marido", que implica el requisito de estar casado.

Cuando dice "de una sola mujer", implica también que los divorciados que se vuelven a casar están descalificados. De seguro podrán servir en la iglesia en alguna otra capacidad, pero no en el liderazgo como pastores, ya que no pudieron sostener su matrimonio en orden. Pastorear una grey no es algo pequeño a los ojos de Dios. El Señor es muy celoso de Su novia la Iglesia y por eso ha establecido estos parámetros para que Sus líderes sean columnas y sostén para aquellos que buscan un lugar de refugio y norte para sus vidas. La vida conyugal del pastor es monógama y fiel a su esposa, como ejemplo y testimonio de solteros, parejas que consideran casarse y matrimonios que necesitan refuerzo y sanidad en la iglesia.

Segundo, no significa que no puede casarse si su esposa muere.

3) Sobrio

Nefáleos (gr.): Vigilante. Cuidadoso en el uso del vino. No dado a los excesos; moderado, medido. Circunspecto. Que no pierde la cabeza en circunstancias y situaciones críticas. Pablo recalca en su segunda carta, *"Pero tú sé sobrio en todo"* (2 Timoteo 4:5a).

"Sobrio en todo" no solo se refiere a los temas de comida y bebida, sino a ser medido y cuidadoso en todos los aspectos, sobre todo en los espirituales. Esto es muy importante para los pastores de hoy en día y, más que nunca, con todo aquello que está desafiando nuestros ministerios, ya sea en el orden doctrinal, teológico, prácticas anti bíblicas, tendencias mundanas que se cuelan en la iglesia, influencias espirituales erróneas y una gama de aspectos en los que hay que estar vigilantes y ser sobrios.

4) Prudente

Sófron (gr.): Seguro y sano de mente. Equivale a dominio propio. Moderado en cuanto a opinión y pasión. Con su conducta y apreciación de su trabajo en el ministerio le da peso y seriedad a la obra de Dios. Líder con discernimiento; que sabe usar la discreción. No se deja manipular por la gente y las situaciones.

5) Decoroso

Kósmios (gr.): Con orden. La raíz es "cosmos" y el cosmos tiene orden. De conducta intachable. De buen porte y atavío. La apariencia externa dice mucho de lo interno de una persona. Como decía Omar Moreno Palacios: "Porque no conozco prenda que no se parezca al dueño".

Santidad

No se habla de elegancia sino de pulcritud, modestia, buena presencia, cuidar un poco el detalle porque estamos representando al Señor como Sus pastores. Pero esto no es solo en cuanto a la vestimenta sino a la manera de hablar y conducirse; que se denote decoro, educación, cortesía. En fin, todo aquello que "adorna" al pastor-líder. Cuando un pastor predica o a habla en público enseguida notaremos si tiene decoro por el orden de su exposición en las ideas, palabras y expresiones que elige para su discurso.

Nunca es tarde para aprender esto, aunque vengamos de lugares y familias sencillas sin mucha escuela. La buena educación y modales en un pastor son obligados porque lidiamos con el público de casa (la iglesia) y el externo (la comunidad).

6) *Hospedador*

Filóxenos (gr.): Que quiere y aprecia a sus huéspedes. Dado a la hospitalidad. Esto es una cualidad vital para un pastor. La iglesia no es un club exclusivo y el líder espiritual debe ser el primero en dar lugar, "bien venir" a los que se acercan a la iglesia. La raíz es "filos" y significa amigo, querido. "Xenos" significa que entretiene, alberga, da atención a sus huéspedes; al extranjero.

Esta cualidad la vi en mis padres al alojar hermanos y siervos de la obra de Dios en nuestra casa por días y temporadas. Convivimos con ellos con la misma pasión por el Señor y Su obra, y eso nos enriqueció. Lo mismo puedo decir de mi esposa y este servidor, que en ocasiones alojamos hermanos(as) en casa, que no solo vinieron a ministrar en la iglesia(misioneros), sino otros que necesitaban una mano por unos días o una temporada. Todo esto hay que hacerlo, por supuesto, con cuidado y discernimiento, sobre todo cuando hay niños en casa.

7) *Apto para enseñar*

Didaktikós (gr.): Didáctico, instructivo, comunicado por enseñanza. Persona enseñada. El pastor debe tener la capacidad y habilidad de enseñar la Palabra. En Efesios 4:11, donde se mencionan los diferentes ministerios que Cristo ha establecido en la iglesia, el de pastor y maestro van juntos.

Jesús, como el gran pastor de Su iglesia, fue conocido y llamado Maestro precisamente porque vino a enseñar la verdad de Su Palabra. ¡Cuánto más, nosotros que hemos sido puestos al cuidado de Su grey, tendremos que enseñar esa Palabra!

El pastor ha de ser didáctico, esto es, con esa habilidad de presentar la verdad de la Palabra con claridad, hacerla comestible y digerible, aplicándola de una manera práctica cuando es transmitida al pueblo de Dios para su crecimiento y desarrollo. Pastor-maestro es la misma persona con dos funciones diferentes. El que no estudia la Palabra lo deja notar cuando predica en el púlpito. No podrás dar lo que no tienes. Como pastor, debes ser diligente en estudiar, indagar y escudriñar las Escrituras.

8) *No dado al vino*

Pároinos (gr.): Estar cerca del vino (de una manera constante). La raíz "Par" significa venir al lado de y "oinos" es vino. Que no tiene la necesidad del vino, que no lo tiene en su radar en todo momento. Que no se excede ni se pasa de copas. Esto no implica abstinencia total sino ser medidos.

Pablo le recomendó a Timoteo beber vino por algunas molestias estomacales. Los corintios se pasaron de copas, acaso por la influencia mundana de su vida pasada, cuando no sabían medirse y se embriagaban. Ahora Pablo tiene que poner directrices en cuanto a esto, no solo para los creyentes, sino sobre todo a los líderes y pastores. Si has sido alcohólico antes de venir al Señor, y ahora eres pastor, lo lógico es que te abstengas. El que usa el alcohol como escape para ahogar sus penas ministeriales, significa que padece una adicción y necesita ayuda, y debe deshacerse de cualquier bebida alcohólica. En cambio, hay otros pastores en muchos países de culturas vinícolas que no adolecen de problemas en este sentido y lo toman con moderación. De todas formas usa el discernimiento y el tacto. No seas dado al mucho vino.

9) *No pendenciero*

Plektes (gr.): Golpeador, belicoso, peleón. No pendenciero esque no hiere a los demás con sus palabras, y mucho menos físicamente. Incapaz de crear disensión y división; que carece de un espíritu pendenciero. Esto puede suceder en un pastor con espíritu belicoso cuando ve que algún líder en su iglesia no está de acuerdo con sus planes y proceder y empieza a establecer una especie de "guerra psicológica" donde hay golpes belicosos en la parte emocional y actitudes de rechazo. No hay que ser territoriales en la iglesia porque no es nuestra, es del Señor. Debemos ser agentes de unidad, de paz, de reconciliación y no pendencieros. Además, el ser pendencieros es contraproducente para la salud emocional y física, pues altera la presión arterial. Vivamos saludablemente, libres de estas actitudes que nos hacen daño.

10) *No codicioso de ganancias deshonestas*

No podemos sucumbir ante las presiones económicas y comprometer el testimonio cristiano, especialmente como pastores. Es cierto que en el ministerio se pasa hambre y necesidad en muchos casos, pero eso no es excusa para buscar ganancias deshonestas.

El ministerio no es una plataforma para ganar dinero, aunque es evidente que algunos lo ven hoy en día así. Es triste y deplorable ver cómo se aprovechan unos listos, de las personas que ciegamente "siembran" de sus escasos recursos a líderes ambiciosos y codiciosos, sin escrúpulos, que trasquilan a las ovejas en toda ocasión posible.

También es cierto que a la mayoría de los pastores no se les paga lo suficiente y eso deriva en que tengan que ser bivocacionales, buscando el sostén fuera de la iglesia. Es ahí donde viene el equilibrio en todos nosotros si precisamos buscar el sustento adicional fuera de la iglesia, y no en ser codiciosos.

Esto significa también que no podemos ni debemos usar la propiedad, y todo lo que está dentro de la propiedad de la iglesia, para nuestra ganancia particular si no ha sido aprobado por los ancianos y no es éticamente correcto. Usa tu discreción y sentido común.

Lo ideal es que la iglesia provea para cubrir todas las necesidades económicas del pastor, porque el obrero es digno de su salario. Esto le dará comodidad para que se dedique por completo a la obra, sin presiones y preocupaciones de índole económico.

La codicia en un pastor puede traducirse también en el deseo desmesurado de avanzar en popularidad, reconocimiento y favores. Eso en un sentido es ganancia deshonesta, pues la promoción no viene del oriente ni del occidente, sino del Señor.

11) *Amable*

Epieikés (gr.): Gentil, suave, afable. Hay pastores que son ásperos. El Señor quiere que seamos más suaves. En el mundo éramos rudos y ásperos, pero ahora en el Señor, sirviendo a Su pueblo, debemos ser tiernos. Esto permitirá que la gente se nos pueda acercar con confianza, sin esperar que se "arañen" o que se "rayen" cuando se rozan con nosotros. Jesús dijo *"aprended de mí, que soy manso y humilde de corazón"* (Mateo 11:29); o sea, ser como Él es.

La raíz "Epi" significa encima o sobre, por lo tanto el pastor tiene esta cualidad "encima o sobre" él todo el tiempo. La amabilidad y gentileza deben regir su actitud y conducta.

12) *Apacible*

Amajos (gr.): Pacífico, no pendenciero. No dado a la controversia, ni al conflicto, ni a la contienda. No debes tener siempre la razón. Busca la paz con todos y en todo.

13) *No avaro*

Afilárguros (gr.): Sin avaricia. Que no ama la plata. Que no es amigo ni amante del dinero. La avaricia ha roto el saco de muchos pastores porque quieren más, no están satisfechos con lo que poseen. Necesitar más no es lo mismo que desear más. Dios promete llenar nuestras necesidades pero no necesariamente nuestros deseos.

14) *Que gobierne bien su casa / Que tenga a sus hijos en sujeción con toda honestidad*

La primera parte es que gobierne o lidere bien su casa. La segunda, es que si tiene hijos, los tenga en sujeción, bajo su tutela y controlados. La primera iglesia del pastor es su familia, su casa, sus hijos. La familia pastoral es un tema poco discutido abiertamente, pero está en la lista de requisitos que le da Pablo a Timoteo y por lo tanto es prioridad. Si la situación en casa no está bien, de seguro, en la iglesia tampoco lo estará. El liderazgo del pastor en la iglesia es un reflejo directo de la salud y estado de su familia. El círculo o esfera de influencia en su propia casa es menor en comparación con el de la iglesia, que es mayor. De menos personas y menores, en la familia, a más personas y de diferentes edades en la iglesia.

Claro está, la sujeción o el "sujetar" a los hijos se refieren a tener un control no autoritario ni dictatorial sobre ellos sino una relación estrecha saludable. De igual manera, este tipo de relación se traduce en el otro círculo de la iglesia con aquellos que están bajo el cuidado de pastor. Los hijos están en sujeción siempre y cuando vivan bajo el mismo techo. Es cierto también que la buena y sana vida familiar pastoral tiene que ver con un buen apoyo y respeto de la congregación hacia la familia del pastor.

En muchos casos la esposa del pastor tiene que saber tocar el piano y cantar especiales, mientras que los hijos tienen

Santidad

que ser ejemplo de perfección y santidad encarnadas y hasta el perro tiene que ser "santo". Me expreso así con temor y temblor porque eso no solo lo he visto sino que lo viví en carne propia. Las esposas de pastores y sus hijos son puestos en pedestales cada domingo por la mañana, bajo el escrutinio, a veces despiadado, de los feligreses que creen que son personas perfectas, y no se dan cuenta que también son de *carne y hueso*; mortales imperfectos con las mismas intenciones, necesidades, deseos y fallas que todo el mundo.

Ambas situaciones como hijo de pastor, y por ser pastor, las he vivido en carne propia y hacen parte del "paquete pastoral". Has de saber cómo manejar esas situaciones con la ayuda de Dios. En mi caso, fui afortunado con unos padres ejemplares que supieron llevarme adelante en medio de turbulencias ministeriales.

Algo importante a considerar es que hay una diferencia entre el "gobierno" de la casa y el "cuidado" de la iglesia. Mientras que en el primero, gobernar no implica dar órdenes ni ser un legislador, en el segundo, el Señor se asegura de insertar ahí la idea de "cuidar". El cuidado del pastor consiste en dedicar tiempo, amor, paciencia, vigilancia, sanidad, apoyo y un sinnúmero de otros menesteres. Dios nos libre de gobernar la iglesia porque ya tenemos un Rey y Señor que gobierna la iglesia, Su iglesia. A nosotros nos encomendó cuidarla hasta que Él venga a buscarla.

15) *No un neófito*

Neófutos (gr.): Plantado recientemente. Recién convertido. No puede ser un novato en el ministerio. La idea es clara; el pastor no debe ser "plantado recientemente" sino uno que ha echado raíces y como árbol ha crecido sólido. La madurez en el ministerio como requisito es necesaria y sabia. He visto novatos que a raíz de que su iglesia crecía, por su carisma y ego, fueron colocados en esos puestos de liderazgo pastoral y solo fue cuestión de tiempo para que el enemigo los zarandeara e hiciera estragos en la congregación. El que ha de servir en el pastorado ha de ser probado con tiempo, con experiencia, con vivencias, etc., para que pueda ejercer el ministerio. No es cuestión de edad cronológica sino de madurez espiritual.

La prueba del tiempo y las manos en la obra, probarán la calidad y cualidad de ese pastor en potencia, para determinar si es apto para el ministerio. Si apuramos el proceso sin permitir su maduración, a ese pastor neófito expuesto a una pizca de éxito se le puede subir a la cabeza fácilmente y derivar en un fracasado batacazo ministerial.

16) *Que tenga buen testimonio de los de afuera*

Cuánto necesitamos pastores de buen testimonio para compensar las historias de horror que hemos visto. Al mundo le encanta ensañarse con la iglesia cuando ve pastores fracasar por sus pecados y mal testimonio.

Estamos en la mirilla de los inconversos, de nuestros vecinos, de compañeros de trabajo, que saben que somos pastores y ponen todo tipo de presiones y doble sentido en las conversaciones e insinuaciones.

Algo que nos propusimos siempre, con la segunda iglesia que pastoreé, cuando nos mudamos de lugar, fue no retrasarnos con el alquiler del local, toda vez que el dueño nos dijo que la congregación que ocupaba ese predio, antes que nosotros, se atrasaba en los pagos y a veces pasaban meses sin pagar y necesitaba hacer varias llamadas hasta que le pagaban.

Cuando íbamos a un parque de convivencia, a disfrutar de una barbacoa (asado) y a jugar, todos prestábamos mucha atención en dejar el lugar mejor de lo que lo habíamos encontrado, porque nuestro nombre y reputación estaban en juego; más aun, el nombre del Señor debía quedar en alto.

Hay muchas maneras en que "los de afuera" nos pueden criticar o cuestionar como líderes cristianos.

Conclusión:

Sin duda este es el patrón bíblico para seleccionar pastores y líderes en nuestras iglesias. Es una lista larga y extensa con requerimientos no fáciles de llevar y vivir. La mayoría tienen que ver con la manera como interpretamos la santidad a la luz de la Palabra.

No debemos ni podemos bajar el nivel de exigencia, sobre lo que debe ser un pastor y líder espiritual de una congregación, en un mundo como el que vivimos. Necesitamos líderes que se desempeñen tal y como lo prescribe la Palabra; de esta manera vamos a elevar el nivel de excelencia de un liderazgo cristiano, tan necesario en el ministerio del siglo veintiuno.

¿Qué de las tentaciones?

Querido colega en el ministerio, la realidad es que las tentaciones están ahí, son persistentes y seguirán ahí mañana y el día después. Nuestra batalla no es física, ni carnal, sino espiritual y es constante.

Ya sabemos que la tentación en sí no es pecado; el problema es ceder a la tentación y eso sí es pecado. La tentación nunca se pone vieja. No es algo que con los años logramos "domar" o controlar. No; aunque nos pongamos viejos, el viejo hombre aún está ahí con esa capacidad de pecar como si tuviéramos veinte o treinta años menos. En el ámbito espiritual la tentación es nueva todos los días; por lo tanto, necesitamos renovar la mente y el espíritu constantemente para contar con las armas de la milicia afiladas para el ataque.

Somos tentados por aquello que nos gusta, que nos atrae. No somos tentados por lo que no nos gusta. El diablo y la carne lo saben muy bien; conocen nuestros gustos, y mucho más nuestras debilidades. Por esa razón, debemos saber e identificar cuáles son nuestros flancos expuestos y fortalecerlos para que de esa manera el poder del Espíritu se perfeccione en nosotros.

No podemos coquetear con el pecado. Todos sabemos cuáles son nuestros límites y el poderoso Espíritu Santo que reside en nosotros nos ayuda en nuestra debilidad. Nos ayuda a tomar esa decisión en una milésima de segundo para decir no; para salir corriendo en sentido contrario; para voltear la cabeza; para cambiar de pensamiento y dejar de soñar o fantasear; para cambiar el canal, para alejarnos del peligro.

Somos vulnerables todo el tiempo. Somos como oveja que va al matadero. Recurramos al Cordero para que nos asista y nos ayude a caminar con pie firme, velando por nuestra salvación con temor y temblor.

Como pastores y varones son muchos los enemigos formidables que nos acechan constantemente para atacar. He estado con líderes y colegas que han sido mordidos por el enemigo,

Santidad

han sentido sus zarpas en sus vidas y estuvieron a punto de sucumbir. Otros han caído víctimas de la infidelidad, la pornografía y diferentes males destructivos que han diezmado sus vidas, familias y ministerios.

Uno de esos enemigos es la Internet. Puede ser un aliado o un enemigo; depende de cómo se use.

Hace unos meses atrás oía al respetado y querido apologista Josh McDowell dar los siguientes datos en una conferencia sobre el poder de Internet:

- Hay 3 mil millones de personas conectadas a Internet. ¡Gigantesco! Casi la mitad de la población mundial.

- Hay 14.300 billones de páginas web.

- Hay 1.900 millones de dominios en Internet.

- ¿Cuántos datos se procesan allí cada 24 horas? Pues 1,7 cuatrillones. 1 gigabyte equivale a 133 páginas de datos. Cada día hay 232 sextillones de páginas de datos. Un sextillón es = 10^{36}, esto es un millón de quintillones.

    1,000,000,000,000,000,000,000,000,000,000,000.

- Cada minuto suben a YouTube más de 300 horas de video. Eso equivale a 8.000 horas de video por hora.

- Un adolescente promedio recibe 34 gigabytes de datos al día.

Pornografía por Internet:

Según McDowell este es al desafío más grande de la iglesia.

> En 1998 había 14 millones de páginas cibernéticas

> En 2003, 260 millones de páginas

> En 2010, 500 millones de páginas

> ¡En 2015 hay 1.000 millones de páginas!

Dos años atrás cuando promoví el libro y la campaña de Josh McDowell por toda Latinoamérica *"La verdad desnuda"* (Editorial Patmos) donde exponía esta problemática, él dio una estadística fuerte y real: 30% de los pastores han visto pornografía en los últimos 30 días. Y estos son los pastores que han tenido la valentía de confesar este problema buscando ayuda; el porcentaje puede ser mayor por los que aún están enganchados y temen confesar este problema y continúan en el anonimato.

Esta —como cualquier otra tentación— si le damos paso y abrimos la puerta, de seguro traerá destrucción. Tal como declara la Palabra: *"El ladrón no viene sino para hurtar y matar y destruir..."* (Juan 10:10).

El gran apóstol Pablo tenía un dilema tremendo, y si él lo tenía, imagínate nosotros. La versión *The Message* en inglés lo pone de una manera genial (mi traducción): *"Lo que no entiendo de mí mismo es que decido de una manera pero entonces actúo de otra, haciendo lo que detesto"* (Romanos 7:15).

Pablo como todos nosotros, quería alcanzar su máximo potencial pero batallaba con esa lucha interna. Reitero, si el apóstol que subió al tercer cielo, el que escribió la mayoría de la revelación del Nuevo Testamento, tenía tentaciones y luchas internas, ¿cuánto más nosotros?

Es impresionante cómo ha avanzado la tecnología en los sistemas de seguridad de las viviendas y propiedades en el mundo entero. En la actualidad es una industria de 20 mil millones de dólares anuales en los Estados Unidos. Usted puede monitorear su casa, apartamento, propiedad o negocio a distancia observando por video todo lo que allí acontece. Puede cerrar y abrir la puerta de su casa o garaje mediante un comando remoto. Puede encender las luces y apagarlas desde lejos. El menú de posibilidades es más grande y variado cada día.

Protegemos nuestras propiedades con todo tipo de sistemas sofisticados con cámaras, detectores infrarrojos, perros, guardias, etc.

La pregunta es obligada, por el tema que tratamos: ¿Cómo protegemos al alma de las tentaciones?

Como pastores no estamos por encima de nadie ni exentos de las tentaciones, por esa razón estas **seis medidas de seguridad** nos ayudarán a proteger nuestra alma de las tentaciones. Las seis comienzan con P:

1) Predeterminar el patrón de mis tentaciones

Tengo que anticipar las tentaciones. Necesito desarrollar un sistema de radar, que en nosotros viene incorporado de fábrica, para detectar y neutralizar las causas de tentación. Proverbios 4:26 dice: *"Examina la senda de tus pies, y todos tus caminos serán rectos"*. En otras palabras: Planifica con cuidado lo que harás, evita el mal y camina derecho hacia delante.

Todos somos diferentes. No hay dos de nosotros que seamos iguales, pero todos tenemos algo en común: un mismo enemigo, el diablo, quien viene para robar, matar y destruir. Nuestro enemigo, el diablo, es poderoso. Nunca subestimes su poder. No te creas ni te hagas el "Súper Pastor" con capa y todo.

Hay varias preguntas que necesito hacerme constantemente: ¿Cuándo soy más tentado? ¿Dónde soy más tentado? ¿Quién está conmigo cuando soy más tentado? (solo o acompañado). ¿Qué beneficio temporal tendré si cedo a la tentación? Hebreos 11:25 dice *que hay placer en los deleites del pecado. Pero es temporal, por un poco de tiempo.* ¿Cuánto gano y cuánto pierdo?

¿Cómo me siento antes de ser tentado?: ¿Poco amado, desatendido, solo, desanimado, ansioso, derrotado, olvidado?

Los consejeros expertos en tratar estos temas dicen que cuando sucumbimos a la tentación es una especie de "gratificación temporal a cambio de una pena o dolor a largo plazo". Primero hay un deseo muy fuerte, un sentirse bien, estar por las nubes, pero después viene el golpe, el batacazo fatal y te das de narices contra el suelo. Un golpe fuerte.

El diablo nos susurra y nos dice suavemente: "Ven, te mereces esto", "has luchado y trabajado duro, pobrecito tú". Es una trampa, una encerrona.

2) Proteger el estado de mi corazón

Proverbios 4:23 nos alerta: *"Sobre toda cosa guardada, guarda tu corazón...",* porque afecta todo lo que haces.

Necesitamos trabajar constantemente con nuestro ser interior, antes del exterior. Hay que cambiar lo de adentro antes de lo de afuera. Por eso Dios nos exhorta a "guardar nuestro corazón". El corazón es el centro de nuestro ser, y lo debemos guardar, cuidar, proteger. Nuestra voluntad, estado de ánimo, poder de decisión, etc., están ahí, en el corazón, por eso necesitamos protegerlo bien contra todo enemigo.

¡Ojo!, cuidado cuando nos sentimos físicamente exhaustos, pesimistas, desanimados, desconectados, solos, distantes, inseguros, incomprendidos, tristes y apartados. Estos son sentimientos reales que podemos experimentar y si no los contrarrestamos nos puede ir mal.

¿Cómo contrarrestamos estos sentimientos?

Poniéndonos en forma física, con energía, con motor propio para estar motivados, desafiándonos, no dejando de crecer espiritualmente. Nos ayuda estar cercanos a otros, sentirnos más confiados en nosotros mismos, comprendidos. También al perdonar, estando alegres, al reír, al sentirnos apoyados y sobre todo, amados.

La Palabra dice *"Ni deis lugar al diablo"* (Efesios 4:27). El corazón es un "lugar"; es nuestra casa interior. No podemos permitir que el diablo ponga su pie en nuestra casa, en nuestro dominio y entorno. "Lugar" es toda esa lista del catálogo arriba mencionado: estar cansados, desanimados, etc. Cuando le damos cabida a alguno o todos esos estados de ánimo, estamos dejando la puerta abierta al enemigo. Cierra la puerta, guarda la puerta de tu corazón.

3) Pedir ayuda a Dios

Algo que he aprendido es que no puedo vencer la tentación yo solo. Necesito la ayuda de Dios.

Cuando te sientas tentado, ora a Dios. Pide ayuda a Él para que intervenga. En Mateo 26:41 se nos insta: *"Velad y orad, para que no entréis en tentación..." y seáis vencidos por ella.* Lo espiritual pelea lo espiritual. La carne no puede pelear lo espiritual. Las peleas o batallas espirituales hay que pelearlas con la espada de la Palabra: conocerla, declararla, creerla.

En Hebreos 4:15-16 se nos declara: *"Nuestro Sumo Sacerdote comprende nuestras debilidades, porque enfrentó todas y cada una de las pruebas que enfrentamos nosotros, sin embargo, él nunca pecó. Así que acerquémonos con toda confianza al trono de la gracia de nuestro Dios. Allí recibiremos su <u>misericordia</u> y encontraremos la <u>gracia</u> que nos ayudará cuando más la necesitemos"* (NTV). En este último versículo hay dos palabras clave que enfatizo: "gracia" y "misericordia".

Gracia: es el poder de Dios a tu favor. Misericordia: es perdón.

Ambos van siempre juntos de la mano. Necesitamos Su gracia y misericordia. Por eso cuando estés en aprieto no dudes en orar o clamar: ¡Señor ayúdame! Él contesta al instante cuando es una emergencia; tal como le pasaba a Pedro que se hundía, la Palabra dice que al momento asió de su mano y lo sacó del agua. Si caíste en la tentación te puedo asegurar que Dios no se da por vencido contigo ni conmigo. Él es el Dios de una nueva oportunidad.

4) Poner la atención en otro lugar

Leemos en Santiago 1:14 *"...cada uno es tentado, cuando de su propia <u>concupiscencia</u> [malos pensamientos] es atraído y seducido".* Si te vienen esos pensamientos, los malos...usa tu voluntad: ¡Piensa en algo distinto! Pon tu mente y voluntad a trabajar. La clave no está en "pelear" los pensamientos sino en "reemplazarlos". Activa tu mente con otros pensamientos. Bombardea tu mente con los buenos pensamientos de Dios para que desplacen los malos. Esto no es un juego mental, es la realidad de esta lucha interna en nosotros.

¿Qué sucede si te pido que no pienses en un pastel de manzanas por tan solo treinta segundos? Y vuelvo a pedírtelo: No pienses en ese pastel de manzanas. ¿Qué termina sucediendo? Piensas precisamente en el dichoso pastel de manzanas. Tienes que reemplazar las ideas y pensamientos de pastel de manzanas por algo diferente, si no esa imagen o idea gobernará tus pensamientos.

5) Preferir un colega o compañero de batallas

Elige alguien de confianza a quien puedas rendir cuentas. Nos necesitamos unos a otros. Todos necesitamos a alguien cercano a quien le podamos confiar nuestras situaciones y asuntos. No puedes ni debes enfrentar las batallas y las luchas por ti solo, no sólo es peligroso, sino insensato.

Echemos mano de la sabiduría de Eclesiastés 4:9-10 *"...porque mejor son dos que uno...el uno levantará a su compañero..."*. Porque juntos podemos más. Necesitas a alguien más, pues ese es el diseño de Dios. En especial entre hombres y líderes: *"Hierro con hierro se aguza; y así el hombre aguza el rostro de su amigo"* (Proverbios 27:17).

Busca y prefiere a un hermano colega que "afile", motive y enriquezca tu vida con ese roce de amistad y franqueza.

6) Persistir en creer que puedes cambiar y sobreponerte

Si luchas o has tenido algún hábito tóxico que está carcomiendo y siendo tropiezo para tu ministerio, no te des por vencido y cree que es posible tener un verdadero cambio. Recordemos que *"mayor es el que está en vosotros, que el que está en el mundo"* (1 Juan 4:4b). Sí podemos cambiar con la ayuda del Espíritu Santo y Su poder. Persiste en la lucha y resiste todo aquello que detiene tu progreso espiritual y ministerial y libérate en el nombre de Jesús. Nunca es tarde. ¡Persiste!

Conclusión:

Este versículo siempre me ha dado esperanza para cambiar y tener victoria sobre las tentaciones:

"Porque no tenemos un sumo sacerdote que no pueda compadecerse [o identificarse] *de nuestras debilidades, sino uno que fue tentado en todo según nuestra semejanza, pero sin pecado"* (Hebreos 4:15).

Qué bueno es saber que Cristo, nuestro sumo sacerdote, se identifica conmigo en mi humanidad y debilidades porque Él pasó y experimentó lo mismo como ser humano, pero sin pecar. Por eso, puedo ir al Cristo que es perfecto y venció en Su vida y en Su muerte todos mis fracasos y debilidades.

Dios cuida de nosotros y sabe cuáles son nuestros límites:

En 1 Corintios 10:13 leemos: *"No os ha sobrevenido ninguna tentación que no sea humana; pero fiel es Dios, que no os dejará ser tentados más de lo que podéis resistir, sino que dará también juntamente con la tentación la salida, para que podáis soportar".*

El respetado experto y escritor en consejería cristiana Jay Adams declaró: "No existe un problema que sea único que no haya sido mencionado claramente en las Escrituras, por lo tanto Él sabe (el Consejero) que hay una solución bíblica para cada problema". (*The Christian Counselor's Manual*, Jay Adams, Zondervan 1973, p. 23).

Capítulo 9

Renovarse, Reciclarse, Refrescarse

RENOVARSE

Dos actividades me ayudan a sentirme renovado: Mis siete horas de sueño y la lectura de un buen libro. Cuando digo sueño, me refiero a dormir de siete a ocho horas, que es lo que el cuerpo necesita y lo recomendable para la salud. Recuerdo que dediqué gran parte de un mensaje dominical a este tema de descansar en el Señor y a darle importancia al descanso físico y al dormir bien. ¡Es muy importante! Hay toda una industria que vive del insomnio. La venta y el consumo de fármacos para dormir son impresionantes. La falta de sueño en nuestra sociedad es un mal que está generando enfermedades de todo tipo. Así es de serio y grave.

Por otro lado, necesito poner a funcionar la materia gris leyendo. Tengo que ponerme al día en conocimiento e información. Y no, no me refiero a estar enchufado a Internet consultando Google, sino sumergiéndome en buenos libros. Precisamos ampliar nuestros conocimientos, nuestra dialéctica, nuestra oratoria, todo lo que tiene que ver con nuestro ministerio está conectado a nuestro intelecto y debemos alimentarlo.

Entiendo que vivimos vidas complicadas y ocupadas; pero si no ponemos prioridad en estas áreas así como otras de suma importancia, algo en nosotros va a ceder o romperse en algún momento. Somos vasos frágiles y nos volvemos aún más frágiles a medida que este, nuestro hombre exterior, se pone viejo.

Para Pablo el tema de los libros era una prioridad. En 2 Timoteo 4:13 le pide a su discípulo *"Trae, cuando vengas...los libros, mayormente los pergaminos"*.

¿Qué diré de renovarnos espiritualmente? No podemos dar lo que no tenemos. Somos los más necesitados de renovación espiritual, precisamente por las demandas que hoy exige el ministerio. Cada vez son más, más grandes, más sofisticadas y complejas y por eso necesitamos renovar nuestro espíritu. Hay muchas maneras.

En lo personal, cuando me he ido de retiro espiritual con otros colegas y amigos de confianza ha sido como tomar una bocanada de aire fresco. Asistir a conferencias y eventos donde hay talleres y charlas afines al liderazgo y el ministerio me resulta muy provechoso. Soy consciente de que no todos pueden permitirse esos lujos. Pero busca hacer algo que esté a tu alcance y que te sirva de renovación espiritual, "recarga las baterías" para poder servir de una manera más eficaz.

El éxito en el ministerio

Creo que este tema debe estar bajo el encabezamiento de "renovarse". ¿Cuál es nuestro concepto del éxito? ¿Qué es un pastor o líder de éxito? ¿Qué parámetros sirven para medir el éxito en el ministerio?

Vivimos en una cultura que define el estatus como el éxito económico. Es más fácil sacrificar la familia que la carrera. Esta mentalidad se ha filtrado en nuestras filas de hombres y mujeres que anhelan un ministerio de éxito para, no solo alimentar sus insaciables egos, sino exhibir lo que el Señor ha hecho cuando en realidad lo que están proyectando es un mensaje de "imítame y obtendrás los mismos resultados".

Es triste ver el pastor que sacrifica su familia por su ministerio, porque a todas luces quiere tener éxito, ser reconocido, visto y oído.

Los peligros del éxito

El Dr. Archivald Hart señaló un artículo donde se menciona una entrevista que le hicieron al psicólogo Steven Berglas de la Escuela Médica de Harvard en el año 2001 con motivo de un libro que escribiera titulado *"El síndrome del éxito"* (The Success Syndrome)*. Se trata de un estudio sobre el éxito y sus peligros. Había estudiado y tratado, por diez años, casos de personas afluentes y otras que habían alcanzado el éxito y determinó que muchas de estas eran víctimas de cuatro males que habían desarrollado en sus vidas. A todo esto el Dr. Berglas sentenció también su narcisismo en ellas. Estas son las cuatro "Aes" que identificó el psicólogo:

> ▶ Arrogancia
> ▶ Aislamiento
> ▶ Adicción
> ▶ Adulterio

Explicó que estos son los cuatro atributos (destructivos) principales que desarrollan las personas de éxito al carecer de una buena base psicológica para prevenir este desorden en sus vidas. En todos los casos luchaban contra estos desórdenes identificados, además del narcisismo.

Valga su aviso para ser aplicado a los cristianos, creyentes y líderes evangélicos que logran éxito en sus vidas y ministerios.

El término "éxito" en el ministerio es ambiguo; escribo de eso más adelante. Dios está más interesado en aquello que nos estamos convirtiendo, llegando a ser y pareciéndonos, que en nuestro aparente éxito desde el punto de vista humano, social y material.

Que el Señor nos libre de estas cuatro maldiciones, y por supuesto también del narcisismo, que vemos en tantos casos, al sintonizar uno que otro canal de televisión cristiano.

Al final de cuentas, el Señor no nos pedirá éxito sino *fidelidad*: "... *Bien, buen siervo y fiel; sobre poco has sido fiel, sobre mucho te pondré; entra en el gozo de tu señor*" (Mateo 25:21, subrayado añadido).

(*Artículo - Steven Berglas: *content.time.com/time/magazine/article/0,9171,155819,00.html*)

Embriagados de éxito

Como mencioné, el éxito en el ministerio es un término ambiguo. Quiero ampliar este concepto. Creemos que el éxito se trata de números, de edificios, de audiencia televisiva, de libros escritos, de seguidores en Facebook, de invitaciones como orador a conferencias, etc.

Todo esto, aunque bueno en sí, nos puede "embriagar de éxito", y se nos puede subir a la cabeza. El líder, el pastor embriagado de éxito no puede ver, ni oír, ni andar, ni hablar bien, pues pierde el sentido del equilibrio. Lo triste es que después de la caída, vuelve a embriagarse porque el éxito es adictivo. Su sistema, su carne se lo exige.

Las víctimas del éxito pierden mucho: su identidad, su familia, sus amistades, su salud, etc. El éxito los aísla, los separa y los convierte en seres que sufren soledad. Los líderes que se dejan embriagar por el éxito, se quedan solos.

El aparente éxito, desde el punto de vista humano, es temporal, efímero, trivial.

¿Se podrá desear y tener éxito con mesura? Creo que sí. Nehemías, como líder que salía en una misión, pidió a Dios que le concediera éxito (Nehemías 1:11). Nehemías lo pedía con un sentido colectivo, no solo por y para él, sino para el proyecto de reconstrucción, junto con sus compatriotas, de levantar el muro y la ciudad de Jerusalén.

Jerusalén es un prototipo de la iglesia; por ende, pedirle a Dios éxito en tu ministerio, con el beneficio de la iglesia en mente, es válido y necesario. Este éxito incluye muchos matices: necesita visión, mano de obra, protección, proyección, estrategia, recursos y toda una gama de elementos y circunstancias relacionadas con el avance de la obra, se lo podemos pedir a Dios hoy para nuestros ministerios e iglesias.

Necesito calibrar, más bien renovar mi mente, como dice Pablo en Romanos 12:2 *"...transformaos por medio de la renovación de vuestro entendimiento..."*, en cuanto a este tema específico del éxito en el ministerio.

Reciclarse

Nunca dejamos de aprender. La importancia de una educación constante y progresiva es vital para alguien que está en el ministerio, considerando los tiempos donde la información está, literalmente, al alcance de los dedos.

Hay veces que también necesitamos reciclar nuestros *modus operandi* y ser abiertos para abrazar nuevas formas de trabajo y de hacer las cosas.

Me atrevo a insertar en esta sección, dentro del tema aprender y ampliar nuestros conocimientos, el tener una cosmovisión bíblica.

Cosmovisión

La primera vez que oí esta palabreja pensé en los astronautas. Neil Armstrong, el primero en pisar la luna, dijo que cuando se alejaba de la Tierra veía al planeta como un inmenso orbe; a medida que se alejaba más, como del tamaño de un balón de baloncesto y luego como una pelota de tenis.

Depende de cómo miremos las cosas y de dónde las miremos. Nuestro mundo es grande y complejo; por eso necesitamos una comprensión más amplia de él. Es inminente que entendamos lo que está ocurriendo a nuestro alrededor y que nos pongamos por encima de las circunstancias para ver mejor.

De hecho, el Señor nos invita a subirnos a Su ascensor y ver desde arriba donde se ve otra perspectiva, la perspectiva de Dios: *"Como son más altos los cielos que la tierra, así son mis caminos más altos que vuestros caminos, y mis pensamientos más que vuestros pensamientos"* (Isaías 55:9).

Francis Schaeffer fue mi filósofo cristiano predilecto; no creo que había muchos, y menos como él. Erudito en cuestiones del pensamiento, apologética y otras disciplinas que nos hacían pensar. Algo que hoy no se practica mucho en la comunidad evangélica.

Schaeffer nos ayudó (a mi generación en la década de los setenta y principios de los ochenta) a entender nuestro entorno, nuestro mundo. Nos "tradujo" el mundo a través de una cosmovisión muy clara. Pudimos entender los cambios que se estaban produciendo y los que aparentemente no se veían venir. Aún conservo en mi biblioteca *"Él está presente y no está callado"* (Logoi, 1974) que considero una joya de la literatura evangélica. *"Cómo pues viviremos"* (Gospel Films) en video fue muy valioso para interpretar los tiempos de una manera visual.

Nuestro mundo es cambiante; necesitamos más que nunca una buena lectura de lo que está ocurriendo y, de una manera profética, también entender lo que viene a la luz de los cambios tan bruscos que estamos viviendo en el orden político, moral, legal, cibernético, etc. Porque vienen cambios drásticos en nuestra sociedad, y ya están aquí, es que precisamos "reciclar" en nuestros ministerios y ver cómo nos movemos en la iglesia y a través de la misma.

En un artículo titulado *"Josh McDowell señala tres cambios culturales que amenazan la iglesia"* (Prensa Cristiana, 18 de octubre de 2013), el respetado apologista menciona lo siguiente:

El primer cambio es un cambio epistemológico. Hemos tenido un gran cambio en lo que creemos que es la verdad y de dónde viene. Pasamos de algo centrado en Dios a algo centrado en nosotros mismos.

El segundo cambio es la llamada explosión de la información de Internet, que pone a prueba la cultura, los puntos de vista morales y las creencias acerca de la iglesia que tienen las personas.

El tercer cambio (y el que llamó mucho la atención por ser una gran verdad) es que los pastores no pueden pastorear de la misma manera que lo hicieron en los últimos 20 años. Los padres tampoco pueden educar a sus hijos de la misma manera en que fueron criados, porque el mundo ha cambiado.

Internet ha cambiado las reglas. Todo tipo de personas: ateos, agnósticos, etc., tienen el mismo acceso a tus hijos y a tus feligreses que tú, como padre o como pastor. Eso te obliga a prepararte e informarte mejor para poder ayudarles. Tienes que enterarte de la música que está de moda y lo que dicen sus letras. Tienes que educar a tu gente y a tus hijos en cuanto a la pornografía y los peligros que conllevan. No sobreproteger a los hijos, sino prepararlos; de lo contrario si crees que los podrás sacar del mundo, ya los has perdido para el mundo.

Refrescarse

"Refresca el cuerpo" - Ordeña las vacas.

"Vacas" es la abreviación de "vacaciones" en el argot popular del lugar donde me crie: España. Allá como en casi toda Europa, las vacaciones son sagradas, al igual que las vacas en lugares como la India. Tanto así, que por regla general en el mes de agosto la gente busca la playa o la sierra para tener sus merecidas "vacas". Los tiempos han cambiado por la economía y otras variantes. Antes, la ciudad de Madrid en los meses de julio y agosto quedaba casi vacía. No había problemas de tráfico; el metro (o el subterráneo) iba casi vacío, los autobuses igual.

Aquí en los Estados Unidos hay otra cultura de trabajo y de descanso. Vacaciones de un mes no existen para la mayoría de los ciudadanos. En cambio, esa cultura de trabajo se lleva a veces tan a extremos que a muchos les cuesta parar o hacer un alto en sus vidas para tomar descanso; para el reposo.

Esa mentalidad también se ha transmitido al ministerio. Recuerdo el dicho que decía *"Cuidado porque puedes estar tan ocupado en la obra de Dios, que descuidas al Dios de la obra"*.

Necesitados de descanso

Dice Jesús: *"Venid a mí todos los que estáis trabajados y cargados, y yo os haré descansar"* (Mateo 11:28).

Según el mismo Jesús la causa del cansancio es el exceso de trabajo y las cargas. En muchas ocasiones el cansancio es el resultado de ambas cosas: estrés físico y emocional. Como decimos muchas veces "vivimos a la carrera" y no podemos parar; de hecho en inglés se usa la frase "the rat race", o sea, la carrera de ratas. Seguimos sin parar hasta que el cuerpo nos pasa factura. Es ese dispositivo en nosotros que nos recuerda que no podemos más, que somos vulnerables, que tenemos límites. La mente nos juega malas pasadas a veces, porque si paramos, si hacemos un alto, estamos programados para sentirnos culpables.

Queremos "echar pa'lante", como reza el dicho popular, pero todo tiene un costo pues si nos excedemos el precio puede ser muy alto; muy caro.

Jesús se dirige a *"los trabajados"*, a los que están cansados, agotados, ocupados en extremo, gastados, fundidos. También se dirige a *"los cargados"*, los que llevan pesadas cargas, que sostienen el peso del mundo sobre sus hombros y en sus mentes; y están así, acaso por el resultado de la mucha ocupación, por el mucho trabajo, por el estar activos constantemente.

¿A dónde vas cuando estás trabajado y cargado? Mejor dicho, ¿a quién vas cuando estás trabajado y cargado?

Jesús dice *"Venid a mí"*. Hay que ir al Señor, Él sigue siendo la fuente de descanso. Descanso para el alma, descanso para el cuerpo. Él sigue siendo el centro, pero a veces tomamos atajos queriendo buscar descanso en lugares o personas que no pueden darnos descanso.

En el sentido práctico, los europeos nos llevan ventaja en muchos rubros, sobre todo en el tema del trabajo. Gozan de un mes de vacaciones de promedio, y en algunos países la época de Navidad es festiva, libre de trabajo. En Finlandia le dan al padre de un recién nacido hasta un año o más de licencia para que esté con su esposa e hijo y puedan establecer una buena familia.

Según un artículo que leí hace poco ("Who killed summer vacation?", TIME magazine, 1 de junio 2015), aquí en los Estados Unidos para que te den un mes de vacaciones debes trabajar unos veinte años promedio y son muy pocos los que están más de tres años en una misma empresa, según las estadísticas. Además los norteamericanos colectivamente no usaron 429 millones de días de vacaciones. En otras palabras, trabajaron gratis por 52.400 millones de dólares en el 2013.

En Japón y Corea trabajan hasta la saciedad y es cierto que poseen una ética de trabajo muy estricta. Son sociedades avanzadas en sus economías pero han sacrificado la familia en el altar de la prosperidad.

Una gran mayoría de los hispanos en los Estados Unidos no saben lo que es tomar vacaciones porque como inmigrantes vinieron para superarse y trabajar. Claro que la mayoría está en una clase económica por debajo del promedio y eso los limita a acceder a ese derecho. Me alegra ver cada vez más hispanos en aeropuertos, hoteles y lugares de vacaciones buscando el merecido descanso a lo largo y ancho de nuestro país. Vamos progresando poco a poco pero nos falta mucho camino por recorrer.

Vivimos en un mundo y una sociedad llena de *"cargados".* Las empresas farmacéuticas son multimillonarias porque producen y venden billones en calmantes, antidepresivos, y todo tipo de drogas que los millones de consumidores usan para aliviar sus cargas. Y no digamos la cantidad de horas y horas que pasan los consultorios de psiquiatras dando tiempo para el desahogo y dispensando técnicas para hallar descanso mental.

Hace dos mil años Jesús nos dio la solución a nuestras vidas trabajadas y cargadas: *"Venid a mí".* Cuando el Señor dice "Venid" es porque debe ser un acto de voluntad. Nadie puede garantizar lo que Cristo garantiza en Su Palabra: *"y yo os haré descansar".*

Deja tus cargas al pie de la cruz hoy y descansa en Cristo. Pero tienes que ir a Él; es una persona, no un lugar, no una técnica, no un mantra, no una concentración ni nada parecido; es en Él, en Dios mismo. Él es la fuente de nuestra paz interior. Si puedes ir a la playa o al mar, a la montaña, o donde quieras apartarte para buscar solaz, Dios está allí porque Él es Omnipresente. Él tiene palabras de vida eterna, palabras de sanidad para el alma, palabras de ánimo, de victoria, de esperanza...de verdadero descanso.

Encuentra descanso en Cristo hoy; sube a la superficie y toma una bocanada de aire fresco y mañana estarás listo para enfrentar el trabajo, los retos y los males de cada día. ¡Feliz descanso!

Cuando tenemos que decir "NO"

Reconozco que pequé por mucho tiempo diciéndole "sí" a todo para agradar a todo el mundo. Como pastor me sentía culpable si decía "no" a la petición de alguno o a las demandas del ministerio día a día.

Llegué a la conclusión, luego de muchas frustraciones y tropezones, que nunca iba a poder terminar todo el trabajo que requiere servir al Señor.

Descubrí que Jesús dijo "no" a muchas demandas y muy importantes en el transcurso de Su ministerio. Eso me dio paz y luz verde para atreverme a decir "no" cuando era necesario para mi salud mental y espiritual.

Hay varias instancias muy claras cuando Jesús dijo **"no"**:

1. ¿Decirle no a los enfermos?

El escenario es Capernaum. Marcos 1:29-34. Jesús tiene una agenda apretada. Él junto a Sus discípulos ha hecho un impacto tremendo en esa ciudad. Sale del culto y se van a casa de Pedro. Se hospedan allí y sana la suegra de Pedro que estaba en cama con fiebre. Más tarde, de noche, le trajeron *"muchos que estaban enfermos"* y también *"echó fuera muchos demonios"*. Esto parecía no tener fin. Así es el ministerio, ¿verdad?

Pero había que irse a la cama a descansar. Algo interesante ocurre al día siguiente, temprano por la mañana. El relato está en Marcos 1:35-38.

Pedro con los otros discípulos interrumpen a Jesús en su tiempo devocional para informarle de una manera exasperada, "todos te buscan". En otras palabras: "Maestro desde temprano hay una fila de gente en la puerta de mi casa esperando verte para que ores por ellos y los sanes; personas con todo tipo de enfermedades...del alma, del corazón, del cuerpo".

Para sorpresa de Pedro y los que le acompañaban Jesús dice "NO". Esos que hicieron la fila para ser ministrados esperando su turno se quedaron con las ganas porque Jesús dijo que no regresaría a casa de Pedro porque tenía otros planes. Aunque la fila era larga y llena de necesidades Su plan era otro y más importante: predicar en otros lugares que no habían tenido oportunidad de oír el evangelio.

¿Por qué Jesús "no" accede en esta ocasión?

Primero, porque como hombre al fin y al cabo tenía y sabía cuáles eran sus limitaciones. No había venido al mundo para estar en Capernaum solamente. Cuando decimos "no" como Jesús dijo "no", estamos admitiendo nuestra humanidad, nuestras limitaciones, porque al fin y al cabo somos *pastores de carne y hueso*.

Segundo, porque no quería que lo definieran ni lo encasillaran nada más como el "médico divino" haciendo milagros a diestra y siniestra, satisfaciendo los deseos y necesidades interminables de la humanidad que le seguía. Aunque Él era el sanador, no sanó a todos.

Creo que de esa manera, al igual que debemos hacer nosotros hoy, Jesús trató de evitar la "codependencia" en la gente. He podido ver hermanos bien intencionados que domingo tras domingo vienen al frente para que ore por ellos una y otra vez. Y a veces por la misma petición, por el mismo malestar; llegan a un punto de convertirse en codependientes espirituales, cuando muchas veces lo que requieren no es de una oración sino de un cambio de actitud, cambio de dieta alimenticia, cambio de hábitos, etc., para ver resultados.

Creo en la sanidad física de la persona porque creo que Cristo sana hoy pero Él ante todo vino a sanar el alma. La salvación y el mensaje del evangelio son prioridad en nuestro ministerio sin descuidar lo otro.

2. Otros "no" de Jesús

—Mateo 8:21-22:

—Señor, déjame enterrar a mi padre antes de seguirte.

—NO, deja que los muertos entierren a sus muertos.

-Lucas 10:40-42:

—Jesús, dile a mi hermana que me ayude con los quehaceres de la casa.—NO, ella ha escogido la buena parte.

-Marcos 10:35-45:

—Maestro concédenos tener un lugar prominente en tu gloria, queremos hacer una reservación desde ahora.

—NO, porque no es mío darlo.

-Mateo 12:38-42:

—Maestro deseamos que hagas una señal aquí y ahora.

—NO, a esta generación no se le dará señal a sus antojos.

-Juan 6:34-35:

—Señor danos otra vez el pan que nos diste ayer.

—NO, el pan de hoy soy yo, que satisface el hambre interior.

Luego de haber aprendido esta lección, ponerla en práctica resultaba difícil por cuestión de la culpabilidad que me producía. Recuerdo que varias veces tuve que decir no a uno que otro fin de semana en la iglesia, en contra de la voluntad de los ancianos y líderes. Todos trabajábamos de nueve a cinco y todos nos entregábamos a la obra en cuerpo y alma. Cuando les informaba que iba a tomar el fin de semana libre porque necesitaba recargar baterías y darme una escapada con mi esposa a las montañas, a más de uno no le agradaba esto.

Con el tiempo y a medida que íbamos creciendo todos juntos en este peregrinaje nos turnábamos para que cada pareja, dentro de sus posibilidades, hiciera lo mismo por el bien de su matrimonio, su familia y la iglesia. Esta comprensión y apoyo llevó tiempo hasta madurar, en todos los miembros del equipo de liderazgo.

Atrévete a decir no. Al principio te vas a sentir culpable y más de uno va a fruncir el ceño, pero a la larga te darás cuenta que no debes llevar el peso de todo el mundo.

Estar en forma y hacer ejercicio (mejorar la calidad de vida)

Nací en un hogar cristiano donde mis padres eran pastores y misioneros. En la cultura evangélica de esos tiempos, de los cincuenta, sesenta y setenta; no recuerdo haber oído nunca algo sobre este tema de hacer ejercicio y estar en forma para los que estaban en el ministerio. Tenían sus códigos y estándares de vestimenta: para predicar, corbata y traje; para hacer visitas y el resto del tiempo con corbata los hombres. Las mujeres, esposas de pastores y misioneras, siempre con falda y nada ostentosas, siempre muy recatadas. Eran tiempos muy conservadores. Pero el tema aquí no es el atuendo, sino la salud física y emocional del ministro.

En aquellos tiempos no se hablaba en los seminarios ni en institutos bíblicos el tema de cuidarse físicamente porque el énfasis en la preparación del estudiante y el ministro en potencia siempre debían ser solo en lo doctrinal, teológico y espiritual, entre otras disciplinas afines del ministerio, y así era.

Mi padre era un fanático del béisbol y me enseñó ese deporte pero en España donde me crie, el béisbol era un deporte de "gringos". Lo jugamos algunas veces con los jóvenes de la iglesia pero a los españoles les iba más el "rey deporte" que siempre fue y es mi deporte favorito: el fútbol *soccer*. Mi padre siempre fue muy sano y estuvo en forma porque caminaba mucho y comía bastante sano. Nunca estuvo pasado de peso.

Los pastores y misioneros que conocí en su mayoría no hacían ejercicio y no estaban en forma. Algunos hasta decían bromeando "uso mi estómago de púlpito". El dicho en algunos círculos evangélicos de "pastor con panza, inspira confianza", no debe ser válido. Necesitamos estar saludables.

Los misioneros norteamericanos en su mayoría venían de una cultura deportiva y de estar en forma. Yo solía jugar al tenis con el director de la obra misionera en España para la cual trabajaba mi padre y aún conservo de recuerdo la raqueta que me obsequió hace casi cuarenta años.

Vivimos en otra era, otro milenio, donde hubo muchos cambios. Se ha dado cierto énfasis al cuidado de la salud en los pastores y ministros en las diferentes denominaciones que conozco. Se ha comenzado esta conversación porque muchos de ellos buscan ayuda espiritual y psicológica luego del estrés en el ministerio y muchas de las luchas y problemas que acarrea. No tienen válvula de escape emocional en muchos casos y por eso se crean tantos problemas físicos, de salud, y terminan fundidos y agotados emocionalmente.

Por esa razón existen programas de ayuda y asesoría al pastor para que viva de una manera más saludable. Se le aconseja hacer ejercicio y cuidarse. Incluso practicar el ocio, que para muchos es tabú, acaso pecado. Es sabido que si no cuidamos la salud, el cuerpo, el templo del Espíritu Santo, no podremos ser efectivos en el ministerio.

Debo reconocer que en mis años de servicio pastoral, aunque hice deporte en su mayoría, no me alimenté bien. Comía de todo y sin medida. Cuando uno es joven cree que se puede comer el mundo entero. Luego de algunas complicaciones con mi salud estoy cuidándome para poder ser eficaz en la obra y servir al Señor de la mejor forma posible en los años que Él me otorgue. El ejercicio es un "sacrificio vivo" pues es algo que me tengo que motivar a realizar todos los días. Trato de caminar unas dos millas diarias para mover el esqueleto, como decimos. El cuerpo y el corazón lo agradecen.

Estoy convencido de que los *pastores de carne y hueso* deben comer menos carne, después de cierta edad, sin tener que quedarse en los huesos. Todo con equilibrio.

El cuidado personal no solo atañe al ejercicio y la buena alimentación sino que hay otros factores también a incluir como la salud mental y emocional. Necesitamos recrearnos y divertirnos. Con razón conozco pastores aburridos y con caras largas porque no saben divertirse. Necesitamos "salir" de nuestro entorno (y cascarón o "burbuja espiritual") y disfrutar la vida, salir de paseo si es posible, una escapada con la esposa a un lugar bonito, a la montaña, a la playa, etc.

Todo esto aunque suene simplista es de gran valor y te ayudará para que a la larga puedas ministrar con otros bríos a aquellos que el Señor te ha encomendado pastorear. Claro está, hay muchos colegas que no podrán permitirse ciertos lujos porque quizá sea más fácil y asequible aquí en los Estados Unidos u otros países con afluencia; pero considera aquello que esté al alcance de tus posibilidades y hazlo con tu esposa y familia.

Veamos lo que dice el Dr. Archibald Hart, profesor de psicología en el Seminario Teológico de Fuller (Pasadena, California), tomado de las notas del seminario que impartió a los pastores cuadrangulares "La vida de trabajo de un líder".(*The work life of a leader,* vía satélite, 18 de marzo de 2006).

> - El ministerio, emocionalmente hablando, es una de las vocaciones más peligrosas, ¡pero al mismo tiempo la más gloriosa!
>
> - Muchos pastores no están preparados para las prioridades de Dios en sus vidas (poseen agenda propia).
>
> - Los líderes desean hacer algo grande para Dios, ¡mas Dios está esperando hacer algo grande en ellos!
>
> - El líder es el siervo de la iglesia, pero la iglesia no es su dueño, Cristo es Su dueño.

- Los pastores no se meten en problemas porque se les olvida que son pastores, sino porque se olvidan que ellos son personas.
- El liderazgo cristiano involucra a toda la persona (integralmente).
- *Somos nosotros mismos, en un sentido, nuestras propias herramientas y por ende debemos mantenernos en buen orden* (Spurgeon).
- Descuidar el cuidado personal es descuidar el ministerio.
- Cuidarte a ti mismo no es un lujo, es una necesidad.
- El cuidado personal es una disciplina espiritual.

Capítulo 10

¿QUÉ DE LA IGLESIA?

Esa pregunta resuena constantemente en mí porque tengo carga por la iglesia local, nacional y la universal, en el sentido más amplio de la palabra.

Tengo esa carga porque soy parte de la Iglesia, del Cuerpo de Cristo; lo he sido desde que el Señor me aceptó como hijo suyo a la temprana edad de ocho años. He servido en la iglesia la mayor parte de mi vida. Luego de ser pastor y líder, por más de tres décadas, tengo una sincera preocupación por la novia de Cristo. Sé muy bien que Cristo es quien sustenta Su iglesia, Su novia, y es muy celoso de ella.

La iglesia es una familia. La familia de Dios vive en una casa, no hecha de manos, sino espiritual. Nosotros como pastores y siervos de "su casa" debemos sentirnos como el salmista cuando dijo: "*Porque me consumió el celo de tu casa*" (Salmo 69:9a). Que nos absorba y obsesione la casa de Dios. Que celemos la casa de Dios. Casa en hebreo es *bayit* que significa todo esto: familia, casa, lugar, edificio, espacio, linaje, templo, tienda. Y la raíz de *bayit* es *baná* que significa construir, edificar, tener hijo, labrar, levantar, reedificar, reparar, restaurar. ¿No es todo esto a lo que hemos sido llamados a realizar como *pastores de carne y hueso*? ¿No debe consumirnos, arder por dentro en nosotros ese fuego y ese celo de la casa de Dios?

Ese celo, ese arder en mí me lleva a transmitir todas estas verdades a tantos colegas en el ministerio en países y lugares recónditos, en las grandes urbes; en las alturas de Perú con pastores indígenas; a líderes en ciudades principales de Chile, en el calor del centro de Panamá, en locales comerciales pequeños en ciudades en los Estados Unidos donde un grupo de hermanos se llama iglesia; en iglesias con edificios grandiosos donde se mezcla lo contemporáneo y lo tradicional, en esos y otros tantos lugares allende los mares; en la Madre Patria donde la iglesia evangélica está emergiendo. Lo seguiré haciendo hasta que el Señor me dé salud y energía.

¿Cómo está la iglesia hoy en día? ¿Qué está pasando con la iglesia en general?

Vemos extremos a diestra y siniestra. Los medios señalan todas las cosas raras que están pasando en la iglesia. Vemos y sabemos de líderes descontrolados sin escrúpulos, trasquilando a las ovejas y decepcionando al mundo incrédulo. Vemos y oímos mala o poca enseñanza de la Palabra. No se predica de la cruz ni la sangre de Cristo porque es ofensivo y hay que predicar "lo políticamente correcto" para que la gente no se vaya de la iglesia junto con su dinero.

Hoy tenemos iglesias de todos los colores. El menú es amplio para elegir. Se usan todo tipo de artilugios para atraer a la gente a la iglesia. Esto decía un cartel promoviendo una iglesia: "Pantalones cortos y chancletas está bien" (Shorts and flip flops ok).

¿Qué de la iglesia?

Ed Stetzer, experto en temas de eclesiología y presidente de LifeWay Research dijo: "El tamaño de una iglesia no determina la salud de la misma, pero la salud de la iglesia puede determinar su tamaño".

Algunos datos sobre la iglesia en los Estados Unidos:

> - Unos 63 millones de personas o 20,4% de la población asiste a la iglesia cada domingo (*American Sociological Review*).
>
> - La iglesia promedio (anglosajona e hispana) atrae a menos de 90 personas (adultos) en un típico fin de semana (*Barna Research Group*).
>
> - La iglesia recién plantada no pasará de 100 personas aun pasados 4 años (Basado en estadísticas de iglesias anglosajonas hechas por el *North American Mission Board, Bautistas del Sur*).
>
> - Las iglesias que más están creciendo en el mundo son las iglesias [de] **inmigrantes**: Londres, Kiev, Estocolmo (la más grande es de nigerianos), en España también ha sido así. [Aquí en los Estados Unidos es la hispana, y la mayoría somos inmigrantes].

Cómo somos y cómo estamos compuestos

Se usan dos imágenes en los Estados Unidos para describir la situación social y también eclesial:

1. El término "melting pot": una especie de cazuela de potaje con muchos ingredientes que al final resulta de un "solo sabor".

2. El término "salad bowl": una fuente de ensalada donde hay jalapeños, lechuga, frijoles negros, mango, y aderezo "Creamy Ranch". El problema es que al final todo sabe a "Ranch".

Estas imágenes o cuadros que tratan de describir el "paisaje cultural" de nuestro país no son reales porque quienes describen esto son anglosajones con su propia óptica de ver y entender. No es la realidad. Las iglesias latinas somos diferentes y la verdad es que no nos mezclamos y no "sabemos igual", o sea, no tenemos el mismo sabor.

La Reforma Latina

(*The Latino Reformation,* Revista TIME, 15 de abril de 2013, por Elizabeth Dias.)

Compilo y traduzco aquí lo más sobresaliente de este interesante artículo, que es una foto de la iglesia hispana en los Estados Unidos:

- ▷ Los que asisten a iglesias de corte pentecostal, que son protestantes [se usa ese término en inglés para diferenciar el tipo o grupo cristiano en EU], esto es, nacidos de nuevo, creyentes en la Palabra y que no son católicos; representan uno de los segmentos de mayor crecimiento de los millones que asisten a la iglesia.
- ▷ Los que más se están yendo de la Iglesia Católica a las iglesias protestantes [evangélicas] son los jóvenes latinos.
- ▷ La explosión Protestante de latinos está transformando las tendencias y prácticas religiosas y políticas norteamericanas.

¿Qué de la iglesia?

> (Es difícil cuantificar las congregaciones hispanas en EU.) Las congregaciones de latinos a menudo están diseñadas para estar ocultas (en el anonimato). Muchas comienzan en reuniones de oración en sótanos. Otras en tiendas de centros comerciales [y otras en la sala de una casa como fue el caso de la iglesia que plantamos mi esposa y yo en el Sur de California a principios de los ochenta].

> La explosión de los evangélicos aquí está anexada y no se puede desligar de la experiencia de la inmigración. [Los evangélicos son numerosos y están creciendo rápidamente. Y están escondidos a plena vista].

> Los cristianos latinos no son muy diferentes a las otras generaciones de inmigrantes europeos, en que ven el Protestantismo como un camino más genuino y próspero a la vida "americana" [o estilo de vida norteamericano].

> Asocian el catolicismo con lo que dejaron atrás en Latinoamérica y quieren comenzar de nuevo, una nueva oportunidad, una vida nueva.

¿Hacia dónde va la iglesia?

Han pasado los años y los siglos y todo ha cambiado drásticamente. En Europa muchos templos católicos, protestantes y anglicanos están vacíos. Sus paredes y bancas fueron testigos de cultos y misas de antaño con miles de feligreses. Ahora, son chicos en patinetas haciendo piruetas dentro de estos edificios, otros convertidos en tiendas de ropa y hasta una iglesia convertida en un *pub* en Edimburgo, Irlanda.

La iglesia en Europa está muerta, esto es, la iglesia tradicional que representa estas religiones. De hecho ha estado muerta por muchos años. Todo quedó en religión. Las viejas generaciones carecían de una fe sólida y firme en el evangelio y, como consecuencia, las nuevas generaciones se han convertido en ateas, agnósticas e indiferentes a una creencia en Dios y el evangelio. Estos templos que ya no pueden mantener ni las alcaldías, están a la venta al mejor postor.

Por siglos el edificio de la iglesia tradicional católica había estado en el centro de los pueblos o plazas públicas y de ahí se derivaban a su alrededor el resto de los edificios gubernamentales y viviendas. Las iglesias protestantes y anglicanas han estado en el mismo sitio estratégico igualmente en Europa e Inglaterra, siendo el lugar de referencia para los habitantes del lugar. También como punto de expresión de arte, cultura y religión o espiritualidad. Sin embargo la Iglesia Anglicana en Inglaterra actualmente cierra 20 iglesias por año. En Dinamarca unas 200 iglesias o templos han cerrado sus puertas últimamente. La Iglesia Católica en Alemania ha cerrado más de 500 iglesias. Lo peor de todo es Holanda (Países Bajos) donde en diez años la Iglesia Católica habrá cerrado 1.600 iglesias y 700 iglesias Protestantes en los próximos cuatro años.

En los Estados Unidos, hace 250 años la iglesia (protestante) y la escuela compartían el mismo edificio; lo sabemos por los libros de historia y la serie de televisión de los setenta "La casa de la pradera" conocida como la Familia Ingalls en Latinoamérica (*The little house on the prairie*).

Los estudiosos de eclesiología predicen que lo mismo ocurrirá aquí, al otro lado del charco, en los Estados Unidos en 30 años o menos.

¿Qué de la iglesia?

Dentro de todo este fenómeno de la pérdida y el abandono de la fe en Dios en la antigua Europa, cuna de reformadores, pintores, literatos, misioneros, denominaciones, etc., a este lado se levanta una iglesia evangélica hispana, que es pujante, que es creciente y avanza. Lo hace abriendo camino en medio de una sociedad que es resultado de esas culturas europeas combinadas que hicieron de esta, en su momento, una gran nación. Y lo curioso es que miles de estas pequeñas congregaciones hispanas no tienen templos y les resulta difícil encontrar o negociar el alquiler de un local, ya sea por la situación económica de sus miembros y los altos costos de alquiler, y por supuesto ni pensar en la compra de una propiedad.

La iglesia hispana aquí no puede esperar treinta años más para que se desocupen esos templos de antaño donde las congregaciones tradicionales han menguado y terminarán extinguiéndose. Treinta años es una generación; hay que hacer algo. La iglesia primitiva se reunía en el templo y por las casas. Me imagino que a falta de templos será entonces en las casas; en muchas casas. Será como regresar al patrón bíblico. Ya sabemos de las iglesias multitudinarias en Latinoamérica donde su fuerte es hacia el movimiento de células o grupos caseros, tomado este patrón de la iglesia más grande del mundo, del pastor Cho en Seúl, Corea del Sur.

De hecho las iglesias más grandes y vibrantes en Europa están en las grandes ciudades y compuestas en su mayoría de inmigrantes. ¿Fe de importación? Esto es muy curioso, porque los inmigrantes que vienen de sus países, lo hacen en muchos casos conociendo el evangelio, que de alguna manera antes algún misionero trajo a su país de origen. Y ahora, por medio de estos inmigrantes, esa semilla regresa al lugar donde se originó mediante las misiones. El campo misionero ahora es el campo que antaño fuera el que enviara misioneros.

Dios tiene maneras muy interesantes de levantar movimientos en diferentes lugares y temporadas para hacer que su evangelio corra y sea propagado de mil maneras, como a Él le place. De todas formas, como lo expresa Pablo en 1 Corintios 1:27 y usando mi traducción libre de la versión "The Message" de Eugene Peterson: *"No veo muchos de los más brillantes y mejores entre vosotros, ninguno de influencia, ninguno de familias aristocráticas. ¿No es obvio que Dios deliberadamente escogió los hombres y mujeres que la cultura desprecia, explota y abusa; escogió a los "don nadie" para poner al descubierto las huecas pretensiones de los que se creen "don alguien"?* ¡Simplemente brillante!

Conozco una denominación hispana, netamente hispana, aquí en los Estados Unidos, que tiene su propia sede en un edificio pagado y la mayoría de sus congregaciones (son cientos) son dueñas de sus edificios. ¡Sí, se puede!

¿A dónde está la iglesia hoy? Me la encuentro en locales en centros comerciales, dentro de iglesias anglosajonas, en garajes, en salones de escuelas públicas, en salas de casas particulares, almacenes alquilados convertidos en santuarios, en sótanos, en azoteas, en edificios propios. La iglesia hispana en Estados Unidos está en todas partes. Creo que es imparable como la iglesia de Hechos, que crecía por días, y viven día a día la experiencia de Hechos 2:46-47.

11
Capítulo

"YO EDIFICARÉ MI IGLESIA"

¿Cuál es el mensaje específico del mismo Cristo para Su Iglesia hoy?

Está en Mateo 16:18-19.

Hay varias verdades y principios que ya están establecidos en cuanto a la Iglesia y siempre hay que regresar a los "planos originales" que el arquitecto Jesucristo estableció dos mil años atrás. Estas declaraciones son firmes, seguras y han mantenido la verdadera iglesia de Cristo a través de estos veinte siglos y lo seguirá haciendo porque no cambian:

UNO: Jesucristo es la roca y fundamento de la Iglesia

En primer lugar, la Palabra dada por el mismo Señor dice *"... sobre esta roca..."*. ¿Quién es la "Roca"? La iglesia no fue fundada en ningún hombre sino en Jesucristo. Si así no hubiera sido, no hubiera sobrevivido la prueba del tiempo. No se trata del carisma de ningún hombre, ni sus dones, ni sus talentos, ni sus aviones privados. La atracción central sigue siendo Cristo y eso no ha cambiado.

DOS: "Edificaré mi Iglesia"

No le dijo a Pedro ni a ningún otro "sobre esta roca edificarás [tú] la iglesia". Ese trabajo no se lo dejó a nadie más. Jesús es el que edifica, levanta, construye, hace crecer la Iglesia. Él es quien añade a la Iglesia los que han de ser salvos. No nos confundamos, lo del crecimiento y tener iglesias saludables no es cuestión de números. No me malentiendan, los números sí cuentan, valga la redundancia. Después de todo ¿cómo sabemos que *"se añadieron aquel día como tres mil personas"* si no había alguien que los contase? Además, uno de los libros de la Biblia se llama "Números".

Durante el ministerio de Jesús en ocasiones el gentío que le seguía era grande, a veces creía y parecía que Su congregación aumentaba y era saludable; se organizaban para darle de comer a miles y enseñarles *impromptu* en la ladera de una montaña. En fin, todos querían ir a esa iglesia hasta que el mismo Jesús los paraba en seco y les decía que debían tomar su propia cruz, negarse a sí mismos y seguirle. ¡Uf! ¡Menudas demandas! Y de pronto la "congregación" menguaba.

Otras veces, cuando volvía a crecer se paraba de nuevo y les daba un sermón sobre amar menos a su madre y padre y amarle más a Él, o dar sus posesiones a los pobres y temas así que los retaban a ser una iglesia radical; entonces la congregación volvía a menguar. Por lo tanto, que no nos sorprenda lo que pasa a veces en nuestras iglesias donde quizás veamos precisamente eso mismo que le pasó a Jesús en Su ministerio.

Él es todavía el que hace crecer la iglesia, Su iglesia. Él la edifica, es Su obra, es Su voluntad. La voluntad de Cristo es edificar Su iglesia y lo sigue haciendo por el Espíritu Santo: *"No con ejército, ni con fuerza, sino con mi Espíritu, ha dicho Jehová de los ejércitos"* (Zacarías 4:6).

Dios honra Su Palabra cuando es predicada y enseñada. Él me ha señalado, en estos tiempos de ministrar y apacentar a otros pastores, que tanto ellos como yo, somos ovejas del Gran Pastor.

El trabajo del pastor, tal cual se lo definió y encargó Jesús a Su discípulo amado Juan, es "apacentar ovejas". Apacentar es alimentar, nutrir, cuidar, proteger, aconsejar, dirigir... ¿Ya te sientes cansado con todo este trabajo? Hay más: sanar, exhortar, amonestar con dureza de vez en cuando, enseñar Su Palabra y el resto lo hace Él.

Esto sigue siendo una gran verdad: *"Si Jehová no edificare la casa, en vano trabajan los que la edifican"* (Salmo 127:1a). Él hará crecer Su Iglesia porque es Su promesa, es Su compromiso. Él declaró, hace dos mil años atrás, "EDIFICARÉ MI IGLESIA" y soy testigo que ¡Cristo está edificando Su Iglesia!

TRES: "Mi Iglesia"

No es la iglesia de nadie, no es posesión de nadie. Dios es el dueño, Él es Señor de la Iglesia. Él es muy posesivo de Su iglesia, por eso le dice muy claro a Pedro –y a todos los presentes y los que vendríamos después–, "mi iglesia".

Recuerdo cuando decidimos mi esposa y yo entregar el pastorado de la segunda congregación. Una pareja de pastores se hizo cargo de cuidar el rebaño. Algunos de mis colegas y líderes amigos, con buena intención, me dijeron: "¿Por qué vas a entregar la iglesia?", "Es tu iglesia, has invertido un pedazo de tu vida ahí", "Son tus miembros, has trabajado duro por ellos y son familia", etc.

Entendí lo que me decían pero tuve que responderles que en primer lugar la iglesia no era mía, no era posesión mía. Aunque la gran mayoría de los miembros era como familia por la cercanía y los años de ministerio con ellos, eran miembros del Cuerpo de Cristo; eran del Señor, Él era su Pastor. Los miembros no son "trofeo" de ningún ministro, no los ganamos nosotros, fue el Señor quien derramó Su sangre, Su vida por ellos. Nosotros tenemos el enorme privilegio de servirles por un tiempo; el tiempo que el gran Pastor decide.

Él es la *cabeza* de la Iglesia. Él es Su *arquitecto* y *constructor* y nosotros somos *"piedras vivas"* en este edificio espiritual y humano. Cada uno es un "ladrillo" o "piedra" que hace parte de ese todo llamado Iglesia.

Hablando de ladrillos, leí un artículo interesante en el Huffington Post sobre la Catedral de Cristal que me llevó a escribir lo que cito a continuación:

"LA IGLESIA ES UN EDIFICIO DE PIEDRAS VIVAS".

Los donantes de la antigua Catedral de Cristal cuando pertenecía al ministerio de Robert Schuller (Iglesia Reformada de EU) en la ciudad de Garden Grove (California, Estados Unidos), vecinos de donde nació Mickey Mouse, están con el corazón partido al enterarse que la Archidiócesis de la iglesia Católica del Condado Orange, quienes son los actuales dueños de la propiedad mandaron quitar los miles de ladrillos del andén que rodea la iglesia. En total son 1.800 ladrillos que Schuller vendió para levantar (más) fondos (para un saco sin fondo) por *un valor de $3.000 dólares el ladrillo con el nombre del donante que iba a ser recordado de una manera "inmortal" por siglos venideros por todos aquellos que los pisaran para llegar a la entrada de la catedral. ¿Ya hicieron la cuenta? Les ahorro el cálculo, eso suma 5.400.000 dólares.*

Por cierto los asientos de la iglesia también tenían nombres. Recuerdo una de las veces que fui a una función teatral en Navidad, vi una especie de chapa en la parte trasera de los asientos cada una con el nombre de un donante. No tengo idea si las sillas se subastaron al mejor postor para inmortalizar también el nombre del donante.

Como viví por años en el Sur de California y fue allí donde plantamos mi esposa Alina y yo nuestra primera iglesia, recuerdo cuando terminaron de construir semejante edificio y los millones que costó. Luego vimos los susodichos ladrillos y caminamos sobre ellos con los nombres de todos aquellos que creyeron en el "pensamiento positivo", "el poder de la mente" y otros conceptos muy típicos de este hombre Schuller que quizá comenzó bien pero terminó mal su ministerio.

Creo que este es otro ejemplo más del "culto a la personalidad". Cuando un ministerio se centra en una persona, su fama, su carisma, sus dones y talentos, etc., está condenado a perecer y caer por su propio peso. Claro está, cuanto más grande y famoso es el ministerio, más grande y famosa la caída, y más ruidosa y visible. La Catedral de Cristal no pudo sostenerse por sí sola y terminó mal porque aparte de las deudas millonarias, las enseñanzas de Schuller influenciadas por Norman Vincent Peale, su mentor y creador del "poder del pensamiento positivo" no eran sólidas y poco compatibles con la Bíblia.

Además, sus creadores trataron de que fuera una "dinastía familiar" la que siguiera con el ministerio siendo este un error que se repite una y otra vez en multitud de iglesias y ministerios de todos los tamaños, sabores y colores donde pretenden perpetuar eso como si fuera una empresa familiar. Al fin y al cabo es control, poder, dinero, etc., lo que hace que sucumban estos ministerios.

(Debo decir que al escribir estas líneas, uno de los nietos de Schuller logró relanzar el ministerio Hour of Power [Hora de poder] y aparece en la televisión con el mismo formato y proyección. Ignoro si seguirá las mismas enseñanzas de su abuelo).

Lo cierto es que la iglesia, la verdadera iglesia, esto es, los que "han sido llamados" para formar el cuerpo de Cristo son como dice el apóstol Pedro "como piedras vivas" o "ladrillos vivos" (1 Pedro 2:4-5). La verdadera iglesia no son paredes, ni edificios de cristal, ni el producto ambicioso de un sueño personal de un líder con un hambre de dinero insaciable, ¡No! La verdadera iglesia son personas de carne y hueso que han sido redimidas por la sangre de Cristo para ser precisamente eso, el cuerpo de Cristo, las manos, los pies, los ojos…que reciben la vida, la dirección, en fin, todo de la cabeza de la iglesia quien es Cristo aquí en la tierra.

Dar a la iglesia es dar al Señor. Es una inversión en el reino desinteresada. Damos sin esperar nada a cambio. En la economía de Dios no hay intereses, no hay derechos, no hay cuentas personales. No podemos comprar la bendición de Dios. No podemos sobornar a Dios. El Espíritu Santo nos ha horadado espiritualmente el lóbulo de nuestra oreja espiritual como recordatorio de que no somos nuestros, sino de Él, quien nos lla-

mó de las tinieblas a su luz admirable. Somos esclavos (doulos) de Cristo.

Como escribiera Rodolfo Loyola ("Carne para el espíritu", CLIE, 1981), la iglesia que crecía por días (Hechos 2:47). Esa, la iglesia primitiva no tenía templo, ni pastor, ni artículos de fe, ni toda la Biblia (solo el Antiguo Testamento), ni instrumentos musicales, ni coro, ni dinero, ni nombre, ni métodos de evangelización, ni cultos o servicios establecidos, ni reconocimiento legal, ni clases de bautismo, etc.

¿Qué era entonces la iglesia y qué era lo que tenía? Tenía a Cristo mismo viviendo en ellos, tenía el poder del Espíritu Santo, tenían comunión unos con otros, tenía oración diaria y partimiento del pan en común, tenía un incomprensible desprecio por las cosas materiales, tenía alegría y sencillez de corazón, tenía alabanza sincera, tenía el testimonio fresco y apasionado de la resurrección del Señor. Han pasado dos mil años, y esto es, esencialmente lo que debe ser y debe tener la iglesia".

La iglesia es del Señor, la compró con su sangre. El Salmo 23 declara Él es nuestro Pastor y eso me da un sentido de pertenencia, somos de Él, somos ovejas de su redil. Él cela su iglesia, lo ha hecho por dos mil años. También cuida y sustenta su iglesia, que es su cuerpo.

CUATRO: "Y las puertas del Hades no prevalecerán contra ella"

"Hades" es la dimensión de los muertos o la dimensión donde impera la muerte. "Puertas" se refierea las entradas gigantescas de madera por donde entraba y salía toda la gente, el comercio, el transporte, etc. Era el lugar de autoridad y poder. Era como el ayuntamiento o lugar de gobierno. Se hacían transacciones de negocios en "las puertas". Las puertas del Hades simbolizaba pues el poder organizado de la muerte y del diablo, o sea, la influencia del mismo infierno.

Si eres parte de la iglesia experimentarás embates del mismo infierno, pero no te desalientes, ¡Jesucristo ya obtuvo la victoria cuando resucitó de los muertos!

CINCO: "Y a ti te daré las llaves del reino"

Cristo nos ha dado las *llaves del Reino* y, por lo tanto, tenemos que usarlas. De nada sirven contra la influencia del mismo infierno si no las usamos.

Las llaves nos dan acceso, abren puertas, son símbolo de autoridad. Dios ha puesto tal confianza en nosotros que nos ha dado las llaves del Reino. Es interesante que no dice "las llaves del cielo", porque ningún mortal posee esas llaves. Ni Pedro, ni ninguno de los apóstoles, ni nosotros. Jesucristo y la fe en Él, esa es la llave del cielo. En el llavero de Dios hay varias llaves.

¿Cuáles son las llaves del Reino?

Recuerdo un estudio que dio el pastor Jack Hayford, del cual tuve el privilegio de recibir mucha enseñanza, instrucción y sabiduría para el ministerio, sobre este tema preciso. Estas son llaves que abren puertas en la dimensión del Espíritu; hay más llaves, pero vale mencionar cinco que son esenciales para abrir las posibilidades que Cristo ofrece; en cada una de estas hay un poder intrínseco:

1. La llave del CÁNTICO: *"¡Que todo lo que respira alabe al Señor!"* (Salmo 150:6, NVI). La única regla para cantar es abrir la boca. Canta, levanta canción a Dios y verás cómo el cántico abre puertas.

2. La llave de la ADORACIÓN: Fui creado para adorar a Dios. A veces dije en algún servicio dominical de la iglesia que adoraríamos a Dios, aunque no hiciéramos nada más. ¿Qué significa eso? Que podemos prescindir de música, instrumentos, luces, velas, oraciones preparadas, etc. La adoración es un estilo de vida de agradar a Dios constantemente, en cualquier lugar, haciendo todo lo que hacemos en nuestras vidas cotidianas, con todo lo que somos y con cada fibra de nuestro ser. Es como dice Rick Warren: "La adoración no es parte de tu vida, es tu vida". (*"Una vida con propósito"*, Editorial VIDA).

3. La llave del CALVARIO: El mensaje de la cruz está vigente y debe ser proclamado y predicado aún más allá de nuestros púlpitos, en todo lugar.

La importancia de lo que ocurrió en el Calvario es vital para entender la salvación. Necesitamos ir a la cruz constantemente y contemplar lo que allí ocurrió. Hay que ir a la cruz. *"Pero lejos esté de mi gloriarme, sino en la cruz de nuestro Señor Jesucristo..."* (Gálatas 6:14). Muchas iglesias y comunidades cristianas han dejado de predicar el mensaje de la cruz por miedo al rechazo, cuando precisamente eso fue lo que ocurrió en la cruz por causa del pecado.

4. La llave del AYUNO: La disciplina de la oración y subyugar la carne, aparte de los beneficios físicos y corporales para la salud, tienen como beneficio principal la victoria del espíritu sobre la carne. Poner la atención en las cosas de arriba por encima de todo; que Dios tenga preeminencia total en ese lapso de tiempo donde decidimos dejar de alimentar el cuerpo para alimentar y fortalecer el espíritu. Hay un poder tremendo en el ayuno personal, y colectivo, cuando se hace en conjunto con la congregación. Esta disciplina crea una iglesia saludable, así como cristianos más saludables.

5. La llave de la PALABRA: La Palabra es central, nunca marginal. Debe ser central en la vida del creyente y de la iglesia. Cuando ambos desplazan la Palabra y la sustituyen, entonces comienzan los problemas. Dijo Jesús: *"El cielo y la tierra pasarán, pero mis palabras no pasarán"* (Mateo 24:35). La Palabra es una llave que abre mentes y corazones al obrar y mover de Dios. No hay despertar ni avivamiento sin la Palabra de Dios.

SEIS: "Atar y desatar"

"Todo lo que atares y desatares en la tierra, será hecho en los cielos...".

Advertencia: la iglesia no hace que la voluntad del hombre sea hecha en el cielo. Es al revés, la iglesia obedece la voluntad de Dios en la tierra.

Cuando hablamos de "atar y desatar", se refiere a permitir y prohibir. Nosotros tenemos la autoridad de atar y desatar lo que la voluntad de Dios ya ha establecido en Su Palabra. Esto no significa que nos hayan dado una chapa de *sheriff* y andamos atando y desatando a diestra y siniestra a nuestro antojo como si fuéramos súper pastores con capa y todo. Desatamos a un hombre atado por el pecado cuando le presentamos la libertad que hay en el poderoso evangelio de Cristo y ese hombre recibe y acepta nuestro mensaje. El mensaje del evangelio tiene poder intrínseco de transformar a una persona. Pablo declaró: *"Porque no me avergüenzo del evangelio, porque es poder de Dios para salvación a todo aquel que cree..."* (Romanos 1:16).

Atamos demonios y espíritus sobre una persona oprimida o poseída cuando usamos la autoridad que Cristo nos ha dado por medio del Espíritu Santo y Su Palabra.

CONCLUSIÓN

Estamos en medio de una guerra espiritual, que ocurre a nuestro alrededor; solo es cuestión de abrir los ojos y darnos cuenta. Hay soldados, compañeros, colegas nuestros que están peleando con nosotros y algunos están heridos por el enemigo. Algunos quisieran tirar la toalla porque la batalla se intensifica y es muy fuerte. La realidad es esta: No esperes soluciones rápidas ni fáciles a los problemas de la vida o del ministerio. No hay victorias fáciles; hay que batallar, hay que luchar, no te des por vencido. Estas no son meras palabras para animar las tropas, como decimos, son palabras sinceras que declaran una verdad: nuestra es la victoria en Cristo. Si estás también en medio de la lucha, declara que vencerás en el nombre de Jesús. El capitán de las huestes de Jehová está con y por nosotros.

Es cierto, la batalla se intensifica y a veces quisieras quitarte la armadura porque no puedes más. Te digo que sí puedes: "Yo estoy contigo, dice el Señor". Ponte la armadura y pelea la buena batalla de la fe. No te rindas. No estás solo. Jesús es nuestra roca firme de los siglos y nada nos moverá porque estamos firmes en Él. Mantente firme en la roca que es Cristo (Isaías 26:3).

12
Capítulo

La iglesia saludable

En los capítulos dos y tres de Tito, Pablo menciona de manera muy pragmática lo que es una iglesia saludable.

La mujer en la iglesia

Una clave para gozar de una iglesia saludable es entender el lugar de la mujer en la iglesia. He estado en círculos evangélicos donde la mujer está en un segundo plano, sujeta bajo una sutil dictadura machista que controla su radio de acción, dones, talentos y dotes que el Señor le dio. Tengo muy claro que Jesús fue el gran emancipador y libertador de ambos géneros cuando murió en la cruz y allí clavó toda forma de esclavitud religiosa, social y espiritual. Por lo tanto, la mujer liberada es aquella que es libre en Cristo y se rige por Su Palabra.

Debo reconocer a través de los años, en mi propio ministerio y el de tantos otros siervos, la fidelidad de mujeres de Dios que han aportado su presencia, ayuda y apoyo en la congregación, que han estado ahí al pie del cañón semana tras semana sirviendo. Sin ellas la obra no se podría llevar a cabo.

Dicho todo eso, echemos un vistazo a lo que dice la Palabra en relación con la mujer en la iglesia.

Pablo le da a Tito **diez directrices** al respecto. Estas directrices son generales no se refieren al contexto cultural de la época sino al bíblico. Lo que Dios dice al respecto trasciende el tiempo y el espacio. El fin es que "la palabra de Dios no sea blasfemada", o sea, que los incrédulos no nos puedan echar en cara un "te lo dije", como si no fuéramos diferentes a los del mundo.

Tito 2:3-5.

Primero:

"Las ancianas... sean reverentes en su porte": Esto no significa mojigatas o beatas y otros adjetivos terminados en "atas". Las cristianas más adultas, maduras en la fe, deben reflejar una conducta de santidad. El concepto de santidad ha sido distorsionado a tal grado que los extremos siempre son dañinos. La santidad va por dentro pero se refleja de una manera externa. Todo con moderación.

Debo decir que el porte de algunas hermanas en algunas congregaciones donde he estado se despliega en extremos; unas van desde vestimentas donde claramente están pasando calor, hasta aquellas que permiten saber el tipo de ropa interior que llevan puesta.

Todo con moderación es saludable. Es cierto que la belleza es algo interno pero también es externo. Jesús emancipó a la mujer en la cruz pero los religiosos y el neo fariseísmo la han vuelto a llevar a la era de las cavernas. No se trata de ser como el mundo, pero sí de ser relevantes en el mundo actual. Pablo está diciendo a la mujer que no sea un anuncio lumínico llamando la atención de una manera irreverente. Yo siempre digo que si la casa necesita pintura, pues píntela, arréglela elegante y con gusto, y demuestre la belleza que el Señor le ha dado siendo de buen testimonio para Él.

Leí estas frases que dijo Coco Chanel en su tiempo, que me parecen muy apropiadas: *"Todo lo que es moda pasa de moda, el estilo jamás"; "No es la apariencia, es la esencia. No es el dinero, es la educación. No es la ropa, es la clase"; "Viste vulgar y solo verán el vestido, viste elegante y verán a la mujer"* y *"La simplicidad es la clave de la verdadera elegancia".*

Segundo:

"No calumniadoras": Que no sean chismosas. Es muy fácil sintonizar "radio bemba" (término coloquial en Cuba para referirse a una emisora inexistente de donde parten los rumores y las noticias falsas propagadas con algún fin), como decía una hermana amiga.

¿Cómo? Cuando oramos en grupos pequeños es muy fácil chismear porque alguien no se aguanta decir o dar una "petición de oración" de la hermana fulana de tal que le está pasando esto o lo otro. O en una llamada telefónica decir que se siente tan triste porque el hermano fulano le ocurrió tal cosa. Y ahora las redes sociales son una tentación. El chisme es destructivo y tóxico. ¡No al chisme! Amada mujer, si alguien te va a pasar un chisme recuérdale que no eres un latón de basura.

Tercero:

"No esclavas del vino": No dice que no beban vino, sino que no se excedan con el vino. Todo con moderación. Pablo sabía que las mujeres como los hombres bebían vino como algo muy normal en esa cultura y que sucedería lo mismo en las futuras; por eso les advierte ser prudentes y mantener el equilibrio. Que bebas vino no te hace menos santa ni menos cristiana; que abuses del vino sí te resta, te quita salud, testimonio, etc. Muchas han optado por no beber vino como una decisión personal. En algunos casos el esposo es alcohólico o algún familiar y para no ser piedra de tropiezo optan por no tomar ninguna bebida alcohólica. Pero Pablo aquí no está condenando el uso sino el abuso, el ser esclavas o dominadas por el vino.

Cuarto:

"Maestras del bien": ¡Cuánto necesitamos buenas maestras en la iglesia! Doy gracias a Dios porque tuve una gran maestra en mi madre y también en la Escuela Dominical tuve maestras excepcionales. ¡Cuán importantes son estas mujeres maduras en el Señor, para que enseñen bien, usando su experiencia y sus años de andar con el Señor! En muchísimos casos y en muchos aspectos ellas son mejores maestras que los hombres, no solo bíblicamente, sino en sentido común, en sabiduría, en aspectos prácticos, etc. Cuánto necesitamos ser enseñados en el bien por buenas maestras que Dios ha puesto en nuestro medio y camino. Esas maestras en la iglesia son heroínas desconocidas cuya influencia y trabajo reconozco y honro con mis simples palabras.

Quinto:

"Que enseñen a las mujeres jóvenes a amar a sus maridos y a sus hijos": conducirse bien en la vida no se aprende sola, no llega por osmosis. Es por la transmisión de la sabiduría y

la experiencia de las mujeres más maduras a las más jóvenes. Esta es una especie de inversión que hacen ellas en las vidas de las jóvenes que comienzan a vivir, que empiezan su camino matrimonial, e inician la crianza de los hijos. El legado oral de las mujeres mayores en las vidas de las jovencitas no tiene precio. Es triste que esto no se vea mucho en la iglesia hoy en día, aunque es una directriz clara de parte del Señor.

La vida matrimonial es compleja; es para toda la vida; para siempre; por eso con gran razón las jóvenes necesitan extraer la sabiduría y experiencia de las mayores, para su propio beneficio y enriquecimiento. De esa manera podemos ir mejorando la institución del matrimonio, que en la propia iglesia se ha devaluado tanto. La palabra clave aquí es "amar". Muchas vienen de hogares no creyentes y quizá no han visto lo que es un buen matrimonio; pero ahora que experimentan el amor de Dios en su vida, tienen que aprender a amar en la dimensión de Dios.

El amor en el hogar y en el matrimonio debe ser prioridad. En aquellas culturas del Medio Oriente eran menos románticos y había un recato, acaso prohibición, de expresar el amor romántico. Muchos matrimonios eran arreglados y negociados por los familiares y muchas mujeres cuando conocían el evangelio tenían que aprender a amar (lo mismo sus esposos) porque carecían de una referencia cultural y espiritual.

¿Y qué diremos de tener hijos y criarlos? ¡Qué tremenda responsabilidad! Criarlos en el temor y el amor de Dios, prepararlos para la vida, etc., todo esto requiere mucha paciencia y consejos de nuestros mayores; esto es, de aquellos con buen testimonio y "expediente" en esta área.

Hablando claro, no se trata de enseñarles a las jóvenes casadas a planchar la ropa y a tener una casa higiénicamente limpia; es más que eso, es inculcarles y depositar en sus mentes y corazones la actitud espiritual y mental correcta. Amar a los hijos es prioridad y en muchas ocasiones el amor tiene que ser firme, como dice Dobson en su libro que lleva ese mismo título. (*"El amor debe ser firme"*, James Dobson, Vida). La buena, correcta y justa disciplina a los hijos es señal de un verdadero amor de madre y de padre. Y pensándolo bien, son esas creyentes mayores, maduras en el Señor, las que llevan la obra adelante porque enseñan en la iglesia a otras mujeres más jóvenes a orar, a ofrendar, a visitar, a aconsejar, a enseñar la Palabra, etc.

Sexto:

"A ser prudentes": Esto me habla de que las mujeres deben ser pragmáticas, muy prácticas, y usar el sexto sentido: el común. Mujeres sobrias, de un temple y temperamento equilibrado. La idea aquí es autocontrol, dominio propio. Si como madre no eres disciplinada contigo misma, no podrás serlo con tus hijos.

Séptimo:

"Castas": Esta palabra significa "pureza de mente y corazón". Que es fiel, verdadera con su esposo y sus hijos. Esto me habla de una mujer transparente.

Octavo:

"Cuidadosas de su casa": La casa no se cuida sola, necesita el toque inigualable de la mujer, de la esposa, de la madre. La casa es parte del ministerio de la mujer casada. Una casa cuidada con los detalles que le da una mujer, habla muchísimo

de la mujer que vive en ese lugar. Hay orden, elegancia, gusto, toque, etc. La buena decoración de una casa depende mucho de la profundidad del bolsillo, aun así, doy fe de que mi esposa ha hecho maravillas en nuestra casa con un presupuesto limitado. Su creatividad me sorprende cada rato. Confieso que a veces veo con ella esos programas televisivos de decoración y renovación de casas que dan buenas y creativas ideas.

Noveno:

"Buenas": Significa amables, amorosas. No gruñonas ni antisociales. ¡Qué cualidad tan sencilla el ser buenas! Mostrar bondad sucede cuando has experimentado la bondad de Dios en tu vida. ¡Ojo!, buena no significa tonta ni ingenua. Alguna gente y en especial los hombres, confunden una mujer buena con una tonta. Nada más lejos de la realidad. Porque eres una mujer cristiana y conoces la verdad; Dios te ha dado una astucia y un discernimiento para que puedas proyectar la bondad de Dios, siendo buena con los demás, sin tener un pelo de tonta.

Décimo:

"Sujetas a sus maridos, para que la Palabra de Dios no sea blasfemada": El líder y sacerdote espiritual en la casa, no el mandamás, es el esposo, como enseña la Palabra pues así lo ha diseñado Dios. La esposa es obediente al esposo no porque este lo demande ni exija sino por mutuo acuerdo basado en las Escrituras y en el "sí" que se dieron en el altar. Cuando hay verdadero amor, como dice el quinto punto (2:4), no existe problema con la obediencia. Cuando hay un verdadero deseo de glorificar a Dios no hay dificultades que no se puedan superar entre ambos.

La palabra de Dios es blasfemada cuando vemos matrimonios cristianos divorciándose, discutiendo, peleando, familias con problemas de hijos descarriados por causa del desamor en la familia y la pareja, falta de respeto, etc., en fin, el mal testimonio.

Conclusión:

Doy gracias a Dios por el ejemplo de mujer cristiana que tuve en mi madre y ahora, en más de tres décadas de matrimonio, en mi esposa. Tienen mi admiración y respeto. Las honro y aprecio.

El hombre en la iglesia

La iglesia saludable debe ser equilibrada, por esa razón echemos un vistazo a lo que Pablo dice en cuanto al aporte de los hombres y en especial los "ancianos" o los más adultos y ancianos (Strong #4246: *Presbutes* –gr. viejo, anciano).

Me gusta mucho lo que dice Wiersbe acerca de este tema: *"Debemos tener en mente que prioridad no significa superioridad. Ambos, hombre y mujer, fueron creados por Dios y a su imagen. El tema es solo de autoridad: el hombre fue creado primero"* (*"Be faithful"* by Warren Wiersbe, p. 37, Victor Books / 1984).

Tito 2:2, 12-13.

Primero:

"Que los ancianos sean sobrios": Sobriedad aquí tiene que ver con "no pasarse de copas", en relación al vino. No sugiere abstinencia pero si sobriedad. Algunos optan por la absti-

nencia porque fueron alcohólicos antes de conocer a Cristo o no quieren ser piedra de tropiezo a alguien que tiene problema con el vino (el alcohol en general). Pablo hace un llamado a ser medidos, más bien, comedidos y prudentes. No a los excesos.

Segundo:

"Serios": No me imagino una iglesia de hombres con caras largas. Pablo no se refería a poner cara de serios como representantes de Cristo. En absoluto. Seriedad aquí se refiere a las cosas de Dios, Su obra, el ministerio, el lugar del hombre en la iglesia, el andar con Cristo, etc., a tomar todo esto en serio; no a la ligera sino con un verdadero compromiso. ¡Cómo hacen falta hombres serios en la iglesia con esta cualidad! Hombres piadosos, que reverencien, adoren, veneren y honren a Dios con su conducta, con su porte, con su hablar.

Tercero:

"Prudentes": Esto viene con la madurez, con los años, con la experiencia, y sí, con las canas también. Esta cualidad en los hombres adultos y mayores trae un buen equilibrio a la iglesia. Significa "seguro y sano de mente, que se domina a sí mismo, moderado en cuanto a opinión y pasión" (Strong #4998). Necesitamos hombres juiciosos, amables, respetuosos; hombres así en casa y en la iglesia.

Cuarto:

"Sanos en la fe, en el amor, en la paciencia": Fe va primero porque es el fundamento para el amor y la paciencia. Los más ancianos en edad espiritual se supone que posean un fundamento de fe más profundo, más amor y por supuesto la

paciencia que los más jóvenes no tienen o están desarrollando. Al ser poseedores de estas virtudes, traen salud al Cuerpo de Cristo.

Es necesario e imprescindible que los que poseen más tiempo en el Señor tengan buenas y sólidas convicciones doctrinales, pues son como los pilares de un edificio. Me temo que en muchas iglesias esos pilares no eran tan sólidos como debían, cuando aparecen todo tipo de filosofías seculares e ideologías cuestionables en cuanto a la moral y los temas espirituales, que creíamos estaban claros.

Esta falta de solidez, penetra el mundo evangélico y la iglesia local y está socavando el fundamento de muchos. Hombres que claudican de sus convicciones, iglesias que tambalean en sus cimientos. Una iglesia es saludable cuando sus creyentes de más larga trayectoria son los más maduros en el ministerio.

Quinto:

"Renunciando a la impiedad y a los deseos mundanos": Lo digo en gerundio pues es algo constante. Es decir no a todo lo que no es de Dios. Es negarse a los deseos del mundo que no son pocos y son poderosos. ¿Es posible lograr esto? Sí, lo es.

Dos cosas contribuyen a sobreponernos a la impiedad y a los deseos mundanos: Primero, la conciencia y segundo, el poderoso Espíritu Santo. Si no fuera por el Espíritu Santo en nosotros, seríamos un desastre porque constantemente somos bombardeados por todos los flancos con impiedad y con lo que nos ofrece el mundo para que lo deseemos; pero el Espíritu Santo nos detiene, nos redarguye, nos regaña. Es el obrar del Espíritu Santo en conjunto con nuestra voluntad —porque nosotros decidimos cederle el control— cuando tomamos esa decisión. Cuando confesamos que somos débiles es entonces que Su poder se perfecciona en nosotros y entra en acción.

¿Cuál es el resultado de esta renuncia constante a la impiedad y a los deseos mundanos?:

"*...vivamos en este siglo* [o época] *sobria, justa y piadosamente*": Vivir en las tres direcciones y dimensiones...

- Sobria: es "hacia adentro". Autocontrol, dominio propio, templanza.

- Justa: es "hacia afuera". Socialmente. Convivir en armonía.

- Piadosamente: es "hacia arriba". Reverencia a Dios. Entrega total al Señor.

El concepto de piedad, de vivir piadosamente lo hemos convertido en algo demasiado religioso, como algo que hacemos en vez de algo que somos. Vivir piadosamente significa sencillamente ser espirituales, más espirituales y no tan carnales.

Conclusión:

La recompensa como dice el v. 13, es una iglesia que enseña, predica y cree en la Segunda Venida de Cristo y es una iglesia saludable. Es una iglesia que vive diariamente con esa expectativa y no "baja la guardia" al ser una iglesia relevante, con los pies en la tierra pero sabiendo que en cualquier momento será arrebatada. ¿Suena simplista? En absoluto. Está en el libro sagrado: Su Palabra.

La iglesia y el béisbol

resulta muy útil echar mano de ejemplos deportivos para ilustrar la iglesia. Esto no es nuevo. Recuerdo que Saddleback, la iglesia de Rick Warren ha usado el símil del diamante de béisbol (en el campo de juego) para ilustrar las bases como etapas de ministerio en su iglesia y de esa manera anotar una carrera completa. Pues bien, es imposible robar segunda base si tienes un pie todavía en la primera base. Muchas iglesias no logran salir de la sala de la casa donde comenzaron, esperando que llegue la caballería con una buena chequera, talentos y dones.

La transición en muchos casos ocurre paulatinamente y en fases, en el caso de la primera iglesia que plantamos y pastoreamos, pasamos por esa transición: en primer lugar como sitio de encuentro una sala, luego un garaje, luego un salón de una pequeña capilla, luego lo que fuera la farmacia de una gigantesca tienda como Walmart (se llamaba WhiteFront) y de allí a nuestro propio edificio(s).

En cada fase tuvimos que robarnos segunda y tercera base hasta llegar a *"Home"* donde de veras sentimos que estábamos "en casa".

La iglesia necesita líderes que no se den por vencidos, que no le teman al fracaso. Y que si hay algún fracaso o estancamiento, porque el proyecto que encararon no prosperó, o murió, al menos muestren que lo intentaron; mientras hay muchos que ni siquiera lo intentan. A la primera muestra de cambio, al primer fracaso o crisis deciden tirar la toalla. Aunque suene repetitivo y a cliché, ¡No tires la toalla!

El Dr. Archibald Hart dice que necesitamos una "Teología del Éxito". Esto no es algo que se plantea en las clases de seminario sino cuando nos enfrentamos a la primera crisis en nuestros ministerios. Es ese sentido de competencia con otros ministerios o líderes, el querer lograr algo significativo y de notoriedad. Debemos evadir toda forma de competitividad pues el ministerio no es un partido de golf. Una competencia significa que alguien pierde.

En el Reino todos servimos al mismo Rey y Señor. Sería inconcebible pensar que hago algo para Dios pensando que voy a ganar y otro colega va a perder. Aunque habría que replantearse algunas prácticas o conceptos de iglecrecimiento donde unos ganan y otros pierden. Entiéndase, un personaje famoso abre una iglesia y "crece" instantáneamente y vacía las demás iglesias pequeñas de la comunidad y ciudades vecinas. ¿Quién tuvo el éxito y quién el fracaso? De la misma forma que no contamos con una *Teología de Sanidad* sin tener una *Teología del Sufrimiento*, tampoco se puede dar una *Teología del Éxito* sin una *Teología del Fracaso*. Dios está con nosotros y obrando aun en nuestros fracasos y desilusiones como en nuestros triunfos y éxitos obtenidos.

Terminando con el ejemplo del béisbol, necesitamos líderes que sean peleadores, luchadores, que vayan hasta el noveno *ining* aunque el marcador no esté a su favor.

Capítulo 13

LO QUE LA GENTE BUSCA EN UNA IGLESIA RELEVANTE

Aunque parezca insignificante, señalaré cuatro cosas que una iglesia relevante debe tener en cuenta a la hora de planear su estrategia:

1) El sermón

> La gente quiere ver tu destreza en el arte de la comunicación. Puedes dominar la hermenéutica (algo que hoy es esencial) pero si eres débil en la homilética y careces del don de la oratoria "estás frito"

(Así me dijo un predicador experimentado). La gente viene a oír si puedes y si sabes predicar y enseñar expositivamente.

Echa mano de las ilustraciones (Jesús era experto en contar historias y anécdotas –parábolas– para tener la atención de la gente). Si no eres tan buen orador, mejora. Sí eres buen orador, supérate más.

Juan el Bautista sabía esto muy bien cuando le preguntaron acerca de su ministerio y declaró: "... *Yo soy la voz de uno que clama en el desierto...*" (Juan 1:23, subrayado añadido). Somos la caja de resonancia de lo que Dios quiere comunicar y hablar. Somos "la voz"; por eso debemos afinar esta herramienta y don que Dios nos ha dado.

La oratoria es nuestra herramienta principal. Úsala, desarróllala, mejórala.

Según los expertos la preparación del sermón debe ser entre 20 y 35 horas. Ya sé lo que estás pensando: Ni loco, no tengo tiempo. Los domingos amanezco preparando el mensaje que comencé a estudiar el sábado por la noche. Somos bivocacionales y esa es la gran realidad de la mayoría de los pastores aquí y en Latinoamérica.

¿Mi crítico favorito?: Mi esposa. Siempre tiene algo bueno que decir de mi sermón. Está bien, lo admito, quizá no es objetivo pero gano puntos con ella. Apreciado colega, busca siempre maneras de superar tu oratoria.

Dentro del sermón, la exégesis es vital en relación con interpretar "los tiempos y las sazones"; esto es, todo el contexto cultural y el mundo en el que se mueven los que están en la audiencia, los oyentes, los receptores. Hay que saber medir bien lo que está ocurriendo en el mundo para poder conectar con aquellos a quienes estamos comunicando el mensaje con sus ideas, conceptos, imágenes, doctrinas y teología correcta.

Me temo que muchos colegas predicadores están enviando mensajes a domicilios donde la gente ya no vive ahí, se mudaron hace tiempo. En otras palabras, usan modismos, acaso un idioma desfasado con conceptos e incluso palabras en desuso y no se hace esa conexión necesaria que sirve de puente entre al orador y la audiencia.

Sin duda la creatividad usando ayudas visuales puede ser útil pero incluso eso puede embotar los sentidos de los oyentes. Es cierto que se nos queda más lo que vemos que lo que oímos, pero que no se nos olvide que lo que estamos predicando es la Palabra y ella tiene el poder de llegar hasta los tuétanos. He usado el Power Point desde que salió pero a medida que lo uso a través de los años aprendo a depender más del poder del Espíritu que del PowerPoint y esto no es una declaración cursi ni mucho menos, sino la realidad de mi experiencia.

Recuerdo haber visto un video de un mensaje de un pastor muy progresista, en el buen sentido, que trajo a la plataforma de su iglesia un auto Ferrari rojo convertible y lo usó como ilustración de una serie que dio sobre el sexo. Perfectamente válido si estás con la audiencia correcta en el lugar correcto para hacer llegar el mensaje claro y directo. Debo aclarar que ese Ferrari era de un hombre de negocios de su congregación que lo prestó para la ilustración.

El respetado maestro y escritor John Stott respondió elocuentemente estas palabras en una entrevista de la revista *Preaching* con el tema "El poder de la predicación". *Power of Preaching, Preaching* Magazine, March-April 1989, Preaching Press.

> *Aun creo que la predicación es la clave para la renovación de la iglesia. Soy un creyente empedernido, en el poder de la predicación.*

> *Conozco todas las excusas en contra de la misma: que la era de la televisión la ha convertido en inútil, que somos una generación de espectadores, que la gente está aburrida con la palabra hablada, desilusionados solo con cualquier forma de comunicación hablada. Todo esto se comenta en estos días.*
>
> *Aun así, cuando un hombre de Dios se pone enfrente del pueblo de Dios con la Palabra de Dios en su mano y el Espíritu de Dios en su corazón, tiene una oportunidad única para la comunicación.*
>
> *Estoy en completo acuerdo con Martyn Lloyd-Jones que los períodos decadentes de la historia de la iglesia siempre han sido marcados por un declive en la predicación. Esa es una aseveración negativa. La contraparte positiva es que las iglesias alcanzan la madurez cuando se les expone fiel y sensiblemente la Palabra de Dios.*
>
> *Si es cierto que un ser humano no puede vivir de pan solamente sino de toda palabra que procede de la boca de Dios, lo mismo es cierto de las iglesias. Las iglesias viven, crecen y prosperan al responder a la Palabra de Dios. He visto congregaciones volver a la vida cuando se les abre fiel y sistemáticamente la Palabra de Dios.*

Mi padre usaba mucho la narrativa en sus sermones; contaba mucho de sus propias vivencias y experiencias para entrelazarlas en el mensaje y las utilizaba de puente con sus oyentes. Sus ilustraciones hacían precisamente eso, ilustrar, dar brillo al mensaje, pero su mensaje y tema central era precisamente el centro y no las ilustraciones o anécdotas contadas. Hay que ser consecuente y buscar ese equilibrio porque podemos desviarnos de la enseñanza que estamos predicando y abusar de esas muletas que son las anécdotas o ilustraciones y embotar el mensaje.

> Existe también la tentación de enrollarnos contando, como se decía en España, "batallitas" personales y no mantenernos en el tema y la persona principal en el mensaje que es Cristo.

Nosotros somos los mensajeros, nada más; no somos el mensaje; no podemos ni debemos ponernos en el centro bajo ningún concepto. Debemos siempre apuntar a Cristo; de la misma manera que lo hizo Juan el Bautista.

2) La música, la alabanza y la adoración en el culto y las reuniones.

Ojo, no es el humo artificial, las luces de láser, contar con una alfombra donde cantar descalzo(a) y parecer muy bohemios e innovadores, teniendo dispositivos especiales en el púlpito, monitores de alta definición, etc. No me malentiendan, todo eso es válido, pero planteado desde una perspectiva correcta.

Sé sensible a la gente que quieres alcanzar. Sé realista con la gente que tienes enfrente tuyo, domingo tras domingo.

El tema de la música en la iglesia es un tema peliagudo pues en muchos lugares hay una pugna entre lo moderno y lo antiguo. Unos optan por deshacerse de lo clásico e irse solo con lo contemporáneo. Himnos versus canciones contemporáneas. En algunos lugares prefieren un tono de rock; en otros, algo más suave, y otros buscan un término medio al incorporar ambos.

¿Quién debe influenciar a quién? ¿Quién pone los parámetros?

Es sabido entre los colegas pastores, la lucha que hay a veces con los decibeles y los operadores de la mesa de sonido, la cantidad de canciones y los ritmos; cuántas veces se debe repetir una canción y cuándo es propio quedarse un poco más de tiempo en ese momento de intimidad con el Señor, etc. Son tantas las variables que existen en cuanto a esto que es necesario ser sensible y poder lograr un equilibrio con tu equipo de músicos y líderes de alabanza.

Es cierto que la música secular ha tenido influencia en la música sacra o cristiana en los últimos treinta años, más que nunca antes. Esa aseveración no es negativa en sí, pero si debemos hacer un análisis con el propósito de mejorar y crecer como comunidad evangélica en medio de un mundo, permítanme recalcarlo, muy secular (como si no supiéramos bien eso).

Identificamos a aquellos que se dedican a este ministerio de la música en solitario como cantautores, y bandas musicales fungiendo como "artistas". Entiendo el término y la idea general, pero un pastor que es comunicador también se pudiera llamar un artista de la comunicación, pues la comunicación en sí es un arte, sin embargo no lo llamamos así.

> Estoy a favor de integrar las artes en la iglesia en las diferentes expresiones y disciplinas en nuestra liturgia y en la vida comunitaria de la iglesia, pues queremos ser una iglesia relevante, pero del mismo modo tengamos cuidado con la concepción que tiene el mundo de dichas artes.

De ahí mi cierta reserva en cuanto al concepto de artista cristiano, pues es un concepto que hemos abrazado o tomado prestado del mundo contemporáneo.

No cabe duda de que podemos y debemos llamar a Haendel y van Gogh artistas en el sentido más amplio de las artes, pues sin duda el *Aleluya* de Haendel denota un conocimiento de Dios así como *La noche estrellada* de van Gogh nos habla de un Creador. En el caso de Vincent van Gogh estamos agradecidos de que no insistió (aunque trataron de descalificarlo) en su deseo de ser pastor protestante, sino que usó ese don innato del arte que Dios le dio, para "hablarnos" y predicarnos a través de sus cuadros y su óptica de la creatividad de Dios.

El Dr. David Ramírez habla de esto en la tercera parte del libro *"El rostro hispano de Jesús"* (Editorial CLIE) de una manera congruente:

> *Debemos preguntarnos qué comunica la música que usamos en nuestros servicios religiosos y en quién pensamos cuando escogemos la música y organizamos el culto. ¿Pensamos en la comunidad que deseamos alcanzar o pensamos en los gustos de los feligreses?...Debemos revisar la teología que cantamos hoy en nuestra adoración contemporánea...sin olvidar algunos cantos e himnos que nos conecten con la tradición de la Iglesia.*

Años atrás se usó mucho el término inglés "seeker friendly", para significar que en nuestras iglesias, desde que la persona o visitante entra por la puerta hasta encontrar su lugar, la presentación, la experiencia de la música, el sonido, la iluminación, el ambiente general, etc., debe ser más "sensible y amigable", sin comprometer la identidad de la comunidad de creyentes de dicha iglesia local.

> Por ende, la música debe ser alegre, con aire de celebración, también con momentos de quietud, de adoración, de recogimiento. Debe sentar el tono de la reunión para que colectivamente la gente, sus corazones y mentes se conecten con el Señor y Su mensaje.

El tema de revisar la teología en las canciones contemporáneas que cantamos es muy importante, pero se pasa por alto. Mientras la canción sea "pegajosa" y haga que más de una cadera u hombro entre en alguna forma de movimiento, entonces la aprobamos. Por supuesto tampoco queremos poner a la gente a dormir cuando bajamos las luces y buscamos intimidad con el Señor en una canción suave o lenta. Pero volviendo al tema teológico, oigo canciones con buena tonada que invita al colectivo a cantar pero su letra no es teológicamente correcta. No declara una verdad bíblica. Si esto ocurre no la incluya en el repertorio aunque sea la canción que está de moda en las iglesias. Mantenga un estándar teológico en su tiempo de adoración y liturgia.

No se trata de conectar las emociones solamente, es necesario conectar el corazón y el cerebro también. Lástima que en algunos lugares la gente deja el cerebro en la puerta de la iglesia y lo vuelve a tomar cuando sale de la reunión. Dios nos ha llamado a que seamos seres pensantes. No nos dejemos llevar por la tendencia de última hora. Yo les decía muchas veces a los hermanos de la iglesia que revisaran y verificaran bien si lo que les estaba predicando era bíblico, y que fueran como los cristianos de Berea.

No hagamos cultos "introvertidos", más bien, hagamos cultos "extrovertidos", es decir, pensando en los de afuera, en los que han de visitar, en los que queremos alcanzar en la comunidad o los familiares y amigos de los hermanos de la congregación.

3) El ministerio de los niños

La iglesia que no invierta ni dedique tiempo, personas y esfuerzo a este ministerio con los niños, está condenada a menguar y desaparecer.

¡Ojo, cuidado! No trates este ministerio como si fuera una guardería o algo que se te ocurrió de último.

> Trata el ministerio hacia los niños como si fuera (ya que lo es) una iglesia. Pon al frente gente capacitada; invierte recursos y tiempo. Pon gente en este ministerio que tenga pasión y carga por los niños.

Aquí, en los Estados Unidos, es requerido por ley, que aquellos que trabajen en el ministerio de niños (Escuela Dominical, jóvenes, etc.) deben pasar por un chequeo o verificación de trasfondo personal, profesional, psicológico, etc., pues deben tener ciertos requisitos para cumplir con el perfil de alguien que puede trabajar con chicos menores de edad. De esa forma, los padres que dejan a sus hijos pequeños en la guardería de la iglesia o en la clase de Escuela Dominical pueden estar tranquilos de que esas personas están calificadas y autorizadas para servir en esa área.

Cuántas veces hemos pecado al improvisar en este ministerio. Nos falla una maestra o un maestro el domingo por la mañana y echamos manos del primero que veamos o que conocemos para que haga el reemplazo. No podemos seguir improvisando la mediocridad; hagamos todo con excelencia para que sea un ministerio que atraiga familias a la iglesia.

Es cierto que iglesias grandes, de muchos recursos, poseen hasta edificios dedicados a los chicos que parecen como una mini "Disneylandia; por eso debemos ser creativos con los recursos que disponemos, aunque sean mínimos. Seamos fieles en lo poco y el Señor sabrá prosperar ese ministerio para alcanzar muchos chicos para Su reino.

> Es recomendable usar materiales de estudio que vayan de acuerdo con las diferentes edades o grupos etarios, semestre tras semestre, de una manera consistente.

Soy un creyente resultado de la Escuela Dominical tradicional o moderna, como más le guste llamarle, para el beneficio de las generaciones futuras de líderes, siervos y siervas que se preparan desde ya.

De hecho el ministerio de la Escuela Dominical tuvo sus comienzos en Inglaterra dos siglos atrás cuando en una ciudad el pastor vio chicos deambulando por las calles, los domingos por la mañana, sin hacer más que jugar. Fue por los distintos lugares a buscarlos y los trajo a la iglesia. El conocido himno "Firmes y Adelante" es una marcha no militar pero sí militante, compuesta por un pastor inspirado precisamente en los niños de las calles para que lo entonaran mientras marchaban hacia la Escuela Dominical en su iglesia local.

4) El ministerio de jóvenes

La clave es poner un líder idóneo para este ministerio; ¡casi nada! En la segunda iglesia donde serví como pastor en Miami, un joven del grupo de jóvenes emergió como líder. Cuando lo conocí era el guitarrista, con greñas largas, pantalones cortos, del cual podíamos ver la marca de sus calzoncillos. No estoy seguro de que se duchara a menudo, ¡pero amaba a Jesús! Y tenía pasión y entrega por esos jóvenes. Se los ganó a pulso y con su testimonio mientras servía en la iglesia. De haberlo descalificado desde el principio, por su apariencia, hubiera resultado en un fracaso y una pérdida irreparable.

Hay un sinnúmero de libros y manuales con ideas excelentes de líderes experimentados en este rubro, que pueden ayudar para alcanzar un ministerio relevante en medio de un mundo cambiante y desafiante. Recomiendo encarecidamente el ministerio de mi colega y amigo el Dr. Jeffrey de León "Liderazgo Juvenil" (www.liderazgojuvenil.com), así como sus libros.

> Sin duda el ministerio de jóvenes es complicado en estos tiempos, en cualquier país y cultura. La Internet y los medios de comunicación son la gran competencia para atraerlos a Jesús.

Aun así, las necesidades humanas de los jóvenes no han cambiado y siguen siendo las mismas: Necesitan a Jesús, y aunque los tiempos han cambiado y hay métodos caducos, los principios y las necesidades siguen siendo las mismas.

Les cuento algo que viví en el ministerio con los jóvenes cuando me mudé de Madrid a California en el año 1980. Llegué a una iglesia que apoyaba y sostenía a mi familia en España. Era una iglesia hispana dentro de una iglesia anglosajona. Ni bien llegué me pidieron que ayudara con el grupo de jóvenes. La joven que estaba coordinando y dirigiendo ese grupo me resultó muy simpática y muy atractiva; a tal grado, que... ¡me casé con ella!

Al principio organizamos un montón de actividades relacionadas con el grupo: retiros, partidos de baloncesto, voleibol (balonvolea), comidas (muchas comidas) y mucho más. Fue muy divertido y desafiante organizar todo eso semana tras semana. Eran unos sesenta a ochenta jóvenes que derrochaban adrenalina. La asistencia era casi perfecta, sobre todo cuando había una buena comida.

Después de un tiempo decidimos bajar el tono y la frecuencia de los juegos y las diversiones e incrementar el tono espiritual. Fuimos dedicando más tiempo al estudio bíblico, la oración, la alabanza y otras disciplinas que fomentaban el crecimiento y desarrollo espiritual. El resultado al poner énfasis en la Biblia y menos en el juego y las comidas, el grupo fue menguando. Muy pocos fueron los que estuvieron dispuestos a recibir ese discipulado.

Nos quedamos con unos doce a quince jóvenes. Alina, mi prometida en aquel entonces, buscaba a las chicas en su auto y yo a los varones en el mío. Uno de esos jóvenes era Juan Vallejo. Juan tendría unos 16 años y atravesaba un tiempo tumultuoso como adolescente. Discipulamos a Juan por un año y después Alina y yo nos casamos, nos mudamos de ciudad y no volvimos a saber de Juan.

Hace tres o cuatro años participando en la Convención de la Iglesia Cuadrangular a la que pertenezco hace casi tres décadas, luego de hacer una breve presentación literaria a los pastores hispanos, una pareja se acercó y él se presentó así: "Hola Alfonso, soy Juan Vallejo y esta es mi esposa Graciela". Fue un reencuentro que no olvidaré nunca. Aunque había oído de Juan que estaba en el ministerio no sabía que estaba en la misma denominación y que había estado sirviendo al Señor por muchos años como misionero en Latinoamérica y ahora en el Sur de California en una congregación hispana.

Juan me contó que ese año de discipulado en aquella iglesia en San Gabriel, California, el grupo de jóvenes había marcado su vida de tal forma que decidió servir al Señor años después. Debo decir, con cierto "orgullo santo" (si me permiten), que en la actualidad Juan Vallejo es el primer supervisor hispano en los Estados Unidos de la Iglesia Cuadrangular y miembro de la Mesa Directiva de la denominación. Juan y Graciela son unos líderes probados, respetados y contar este testimonio de cómo obró Dios en su vida es algo más que gratificante.

> Uno como líder de jóvenes, pastor, maestro de Escuela Dominical o cualquiera de los ministerios donde el Señor nos ponga, no sabe a quién nos ha dado Dios para formar como discípulo.

Uno como líder de jóvenes, pastor, maestro de Escuela Dominical o cualquiera de los ministerios donde el Señor nos ponga, no sabe a quién nos ha dado Dios para formar como discípulo. ¿Qué íbamos a saber en ese momento que el Señor tomaría más tarde a Juan y a su futura esposa Graciela, y llegarían a ser sólidos líderes que Dios escogería y usaría para Su gloria y honra? Doy gracias a Dios por Juan y Graciela Vallejo.

Capítulo 14

La iglesia, un caballo de Troya

Proximidad con la comunidad

La iglesia tiene que ser como una especie de "caballo de Troya".

El mundo tiene muros y puertas difíciles de conquistar. En el momento que detecta o huele a algo "cristiano" se cierra aún más. Se hace impenetrable a medida que el tiempo pasa.

Los griegos intentaron conquistar Troya por diez años sin éxito, hasta que se les ocurrió hacerles un regalo en forma de caballo gigantesco de madera, haciéndoles creer que zarparían yéndose del lugar, abandonando los planes de conquista.

Los troyanos entraron el "regalo" dentro de la ciudad pero no sabían que en las entrañas del caballo había 30 soldados griegos bien armados que salieron y abrieron las puertas de Troya para que fuera conquistada por el ejército griego.

Aquí hay una lección: ¿Cómo puede la iglesia penetrar el mundo para conquistarlo? La iglesia necesita la cercanía y proximidad con el mundo. ¿Cuántos de tus amigos de verdad son inconversos?

Nosotros los cristianos, líderes pastores, muchas veces vivimos en una burbuja; otros en una "torre de marfil". ¿Cómo pues alcanzaremos el mundo para Cristo?

> La iglesia necesita asistir a la comunidad donde está, antes que la comunidad asista a la iglesia. La iglesia debe mezclarse con el mundo para entender, conocer y alcanzar al mundo.

Es muy claro que "estamos en el mundo pero no somos del mundo". La segunda parte de eso la cumplimos a rajatabla (aunque no todos). El problema es que no estamos en el mundo. Nos aislamos. Nos enclaustramos en las cuatro paredes de la iglesia. La iglesia está ausente del mundo: ¿Dónde está la sal? En el salero. ¿Dónde está la luz? Debajo de un almud o cajón, solo alumbrando un poco a los de casa.

Recuerda el concepto del caballo de Troya: Si hay un desfile comunitario organizado por la ciudad, la iglesia debe desfilar ahí. No estamos para hacer el ridículo, pero sí para ser luz en medio de las tinieblas. Y ya sabemos que no se logran las victorias a base de pancartas y de ser "anti todo", no es con espada ni con ejército sino con el Espíritu de Dios. Algunos pueden pensar que no podemos mezclarnos con los del mundo; porque la luz no puede tener comunión con las tinieblas. Es cierto y debemos atenernos a ese principio bíblico, pero no quiere decir que nos encerremos en nuestra burbuja eclesiástica o que nos subamos a nuestra torre de marfil y no salgamos hasta que haya pasado el diluvio social y moral. La luz brilla más en la oscuridad. La Palabra enseña que la luz dispersa y ahuyenta la oscuridad.

Recuerdo cuando tuve que representar a una editorial cristiana evangélica años atrás en una exposición secular de libros, que se hace todos los años en la ciudad de Guadalajara, México. Es la más grande del mundo hispano. Por varios años consecutivos el *stand* de esta editorial cristiana estuvo en la misma ubicación. A mi derecha había un stand de dos pisos donde exponían todo lo satánico habido y por haber: horóscopo, quiromancia, magia blanca, negra, de todos los colores; daban muestras de pociones rarísimas, y mucho más. A mi izquierda una editorial que publicaba todo tipo de literatura de la nueva era y algo de pornografía. El stand nuestro, estaba en el medio y allí exponía este servidor Biblias, libros para la familia, estudios bíblicos, historias bíblicas para niños, etc. Estaba donde tenía que estar; en medio de las tinieblas para que la luz del evangelio brillase y con el testimonio penetrara las tinieblas alrededor en el nombre de Jesús.

El pecado abunda, así como su influencia infernal aumenta por día. La iglesia debe entender que la gracia de Dios sobreabunda y la misma debe estar en la brecha, en avanzada, no en retirada. Los retiros espirituales son buenos pero deben servir para hacer avanzadas espirituales.

Alguien dijo: "En la iglesia necesitamos cambiar los espejos por ventanas. Dejar de mirarnos tanto al espejo, dejar de admirarnos tanto unos a otros, dejar de creérnoslo y empezar a mirar hacia afuera, hacia un mundo que está perdido".

> Debemos funcionar en unidad como nunca antes. Cuando la iglesia funciona en unidad el impacto se deja ver.

Hablando de ver, hace un tiempo vi un video de un anuncio comercial que me impactó. Me dejó ver a la iglesia "cuando todas las piezas funcionan bien y sincronizadas". El video en cuestión es el anuncio de un modelo de auto de una marca reconocida. El costo de la producción para hacer dicho video fue de varios millones de dólares; tuvieron que hacer 600 tomas de filmación hasta que quedó bien y todo funcionó como se pretendía. Todas las piezas, partes y recambios que usaron para este video son las que se usan para montar y ensamblar el automóvil que sale al terminar el video como el producto final. Nada es improvisado, pues como dije hicieron 600 tomas. Contrataron a un par de científicos que tienen un programa en el canal de cable Discovery para lograr este "experimento" que resultó ser un éxito. (Pueden ver el video en: http://www.youtube.com/watch?v=bl2U1p3fVRk).

Al ver este video me quedó muy claro este pasaje: *"Porque así como el cuerpo es uno, y tiene muchos miembros, pero todos los miembros del cuerpo, siendo muchos, son un solo cuerpo, así también Cristo... Además, el cuerpo no es un solo miembro, sino muchos... Mas ahora Dios ha colocado los miembros cada uno de ellos en el cuerpo, como él quiso... Pero ahora son muchos los miembros, pero el cuerpo es uno solo"* (1 Corintios 12:12-20).

Sé de una iglesia en el Estado de Colorado en los Estados Unidos que tuvo la osadía de alquilar el estadio de fútbol del plantel de secundaria para un alcance evangelístico hace años; en un verano, proyectó las películas de Harry Potter. Como se pueden imaginar tuvieron oposición interna y externa. El resultado fue tal que no solo llenaron el estadio sino que tuvieron profesiones de fe que han perdurado hasta el día de hoy. El pastor explicó que usó esas películas para conectarse con la gente.

Es cierto que rompieron moldes pero su predicación aclaró que no estaba comprometiendo el evangelio y las películas trataban de la guerra entre el bien y el mal, y cómo prevalece el bien.

En nuestra cultura evangélica hispana –aquí en los Estados Unidos y en Latinoamérica– no estoy seguro de que esto sería aceptado y mucho menos comprendido. Todo esto me habla del poder de la proximidad. La importancia de hacer contacto socialmente hablando con vecinos inconversos y buscar un punto de encuentro ya sea: una película, un deporte, aprovechamiento de sucesos contemporáneos, la política, etc. Somos el enlace, el puente y la conexión entre personas que están lejos de Dios. Nosotros podemos acercarlos o alejarlos, amigarlos o ahuyentarlos.

Iglesia y ayuno

En las dos iglesias que he pastoreado siempre practicamos el ayuno individual y corporativo. Unos años atrás antes de que la disciplina del ayuno se hiciera popular otra vez, —algo que opino es muy saludable para cualquier iglesia, aunque pareciera que pasó de moda (y no es así ya que las disciplinas de las Escrituras son siempre actuales)—, hicimos un ayuno corporativo.

Invité a la iglesia a hacer el *Ayuno de Daniel*. Preparé un listado diario con los pasajes bíblicos de los cuales nos íbamos a "alimentar" durante 21 días. De igual manera investigué por muchos lugares los alimentos que podíamos ingerir y compilé un menú con recetas de comidas saludables, de acuerdo al patrón bíblico, que nos sustentarían físicamente durante tantos días. Y por supuesto también adicioné una lista de asuntos específicos que todos podríamos orar en conjunto y a la vez.

Debo recalcar que unos 40 hermanos comenzamos esta aventura espiritual. Tuve el cuidado de aclarar desde el principio que esto no era un ejercicio para bajar de peso, aunque sería uno de los resultados, sino que expuse bíblicamente las razones del verdadero ayuno. Tampoco consistía, y no lo es, en una prueba de resistencia. Avisé que aquellos que pudieran hacer tres días, siete o los que determinaran, no quedaban descalificados del verdadero propósito. Unos veinte hermanos y este servidor completamos el ayuno de 21 días.

Debo confesar que cuando iba por la autopista más de una vez tuve la tentación de ir y comerme una de las hamburguesas que en los carteles publicitarios parecía que me llamaban por mi nombre. En ocasiones mi hijo menor Daniel me ayudó a mantenerme enfocado en el ayuno y no ceder a antojos de alguno que otro aperitivo que no estaba en el menú que yo mismo había preparado como impulsor de esta iniciativa. Nos necesitábamos y apoyábamos unos a otros a continuar fervientes en oración y a seguir la meta propuesta.

Sin duda sentimos y vivimos una unidad en el Espíritu muy reconfortante. Fue una enorme bendición particular y para toda la iglesia, pues hay asuntos y conflictos que se desatan en el ámbito espiritual. Eso aunque no lo notamos en el momento, transcurrido el tiempo lo vimos en las vidas de los miembros de la congregación y los asuntos específicos por los cuales oramos e intercedimos. Y sin querer queriendo, bajé 16.5 libras (8 kilos y medio).

> La práctica y la disciplina del ayuno a nivel personal y de iglesia debemos rescatarlas para las nuevas generaciones de creyentes que serán parte del cuerpo de Cristo a nivel local.

Capítulo 15

El servicio

SIERVOS DE DIOS

Este aspecto del pastorado es muy interesante y malentendido no solo por los feligreses sino por los mismos pastores.

Siervo de Dios... ¿Es este nada más que un título?

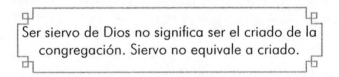

Ser siervo de Dios no significa ser el criado de la congregación. Siervo no equivale a criado.

Claro está, ese es un extremo. He conocido colegas que sucumben a las presiones de la iglesia y de las ovejas y se pasan una gran parte del tiempo atendiendo, diríamos antojos y peticiones personales de algunos miembros, que creen que sus diezmos compran el servicio del pastor las 24 horas del día. Porque no logran entender qué es delegar responsabilidades y trabajan sirviendo interminablemente.

> Por otro lado, y quizá el otro extremo, están aquellos que se acomodan a su puesto y autoridad de tal forma que a medida que la congregación crece solo se presentan para firmar cheques y predicar.

A propósito de esto he coincidido en algún restaurante donde he sido testigo de su deplorable actitud de exigir ser servidos, más allá de las responsabilidades del camarero que atendía su mesa, haciendo unas exigencias ridículas, dignas de un líder completamente desubicado. Verdaderamente patético ver a un "siervo de Dios" ser arrogante en otros lugares y situaciones siendo un mal representante de Aquel que vino para servir y no para ser servido.

La Palabra de Dios enfatiza: *"Vuestra gentileza sea conocida de todos los hombres..."* (Filipenses 4:5). Nosotros debemos ser como "siervos"; considerados con los demás, mostrándoles que estamos de su parte y que nos identificamos con ellos de la misma manera que Jesús lo haría.

Jesús es el máximo ejemplo. En las Escrituras se le llama el siervo. El mismo dijo *"... el Hijo del Hombre no vino para ser servido, sino para servir..."* (Mateo 20:28). Jesús sabía muy bien Su posición, Su poder, Su influencia, Su rango; aun así vino para servir. ¡Increíble!

¡El que tiene legiones de ángeles a Su servicio y autoridad, viene a nuestro mundo a servir!

Al ser pastor, tienes *dones de servicio* que son precisamente para eso, para servir.

El caso de Pedro

En Juan 21:1-22 vemos el caso de Pedro que quiso dejar de servir al Señor y no ser fiel al llamado.

Me identifico mucho con Pedro porque veo en mí aspectos similares. De los discípulos, Pedro es el más bocón, y mete la pata a menudo. En una ocasión llevó un arma al culto y le cortó la oreja a un soldado y el Señor tuvo que reprenderlo y ponerle al soldado la oreja de nuevo en su lugar. Pedro era el más atrevido y por eso tragó agua salada y casi se hunde si no es por la mano del Señor que lo sacó de aquella situación; pero es el único ser humano que ha caminado sobre las aguas dos veces; una de ida hacia el Señor y otra de vuelta hacia la barca, asido de la mano del Señor.

En esa ocasión, Pedro está frustrado con el ministerio y quiere darse por vencido. Quiere dejar las "redes espirituales" y la "barca del ministerio" y recoger de nuevo las redes de pesca y salir a pescar en su barca; quiere regresar a su antiguo oficio. Es una tentación a veces hacer eso por las frustraciones y presiones del ministerio. Muchos me han dicho "yo no me apunté para lidiar con esto".

En el v. 2 Pedro le informa a los demás *"(Me) Voy a pescar"*. Y como es natural los demás le siguen y dicen *"Vamos nosotros también contigo"*. En otras palabras: si tu dejas el ministerio, nosotros también.

¡Ojo! El desánimo y el desencanto son contagiosos. Si estás en una posición de influencia, será para ejercerla de una manera positiva no negativa.

Lo curioso de Pedro es que algunos que le siguieron en su frustración y ni siquiera eran pescadores, se fueron a pescar con él.

El resultado de esta decisión fue claro: *"...y aquella noche no pescaron nada"*(v. 3). Para un lobo de mar como Pedro trabajar toda la noche, con toda su experiencia y no pescar ni una bota, tendría que ser más que frustrante. Sin resultados en el ministerio, y ahora en el trabajo de años de experiencia, eso tuvo que ser más frustrante aún.

> Cuando reina la confusión, el malestar, la frustración, no es posible identificar bien al Señor cuando se presenta en medio de la crisis.

Aun así Jesús les da una directriz que hace que la situación rinda resultados tremendos. El v. 6 dice *"...y ya no la podían* [la red llena de peces] *sacar"*.

Cuando llegaron a la orilla el Señor los estaba esperando con el desayuno listo para ministrarles. Después de comer, reinó el silencio entre los discípulos, y el Señor se arrima a Pedro para que se vuelva a enfocar en servirle a Él y a las ovejas.

Lo prueba, le hace la misma pregunta tres veces. Preguntas que traspasaron su mente, alma y corazón hasta lo más profundo (vv. 15-17): *"Simón...¿me amas?* En otras palabras, ¿estás dispuesto o listo para regresar y servirme a mí y a los demás según tu llamado original? Entonces el Señor le dice dos veces "apacienta" y una vez "pastorea": dales de comer, dirígelos a pastos verdes, provéeles sustento tal y como lo acabo de hacer contigo y los demás discípulos y también pastoréalos, dirígelos, sé un buen líder y ejemplo... sé un siervo.

El servicio

Al final de este encuentro que definió la vida y el ministerio de Pedro, Jesús le recalca dos veces *"sígueme"*. La segunda es muy particular porque Pedro se compara con otro discípulo y se inmiscuye en asuntos de otro siervo que no le incumben y trata de ver el tema de rango y posición. Jesús tiene que ponerlo en su lugar con firmeza: (paráfrasis mía) *"lo que yo haga con ese otro pastor o siervo es asunto mío, no tuyo. No te preocupes por él, preocúpate de tu propio compromiso... Sígueme tú".*

Servir a Dios...

1) Sacará lo mejor de ti.

2) Te estirará hasta casi romperte.

3) Probará tu fe una y otra vez.

4) No es para los débiles de carácter.

5) Es de por vida.

6) No resulta en los sueños ni en las ideas previos a esta aventura.

7) Es un camino pedregoso, a veces recto, a veces con curvas; otras con obstáculos inesperados, suaves o difíciles, de altas y bajas.

8) Acarrea riesgos y peligros. Hebreos 11 nos da una buena idea de lo que es servir a Dios. Sabemos que hay misioneros en todo el mundo que corren riesgo hasta de perder su propia vida por la causa de Cristo.

9) Sigue habiendo "fosos de los leones" de muchas formas y maneras para aquellos que sirven a Dios en sociedades occidentales y de otras latitudes que se están volviendo cada día más hostiles al cristianismo.

Jesús, la toalla y el lebrillo

Para un pastor y/o líder, desde el punto de vista de la Palabra de Dios ¿qué es servir?

> Servir, es dar, ayudar, entregarse, valer, ser de utilidad y asistir a la mesa trayendo o repartiendo los alimentos y las bebidas.

De hecho la segunda parte de Mateo 20:28 dice *"...y para dar su vida en rescate por muchos".*

Todos hemos oído el dicho "el que sirve, sirve; el que no sirve, no sirve". La última acepción recalca aún más el hecho de que como pastores siervos llevamos la enorme responsabilidad de asistir a la mesa y traer el alimento espiritual, el pan y el agua de la Palabra de Dios.

Juan 13:1-17.

Este recuento bíblico es por antonomasia ejemplo de servicio, y la lección viene directamente del Dios del universo encarnado, Jesucristo, con Sus discípulos a quienes estaba preparando y capacitando para el servicio. Los discípulos fueron a esta cena con una pequeña disputa entre ellos sobre quién sería el número uno; quién sería el más grande. En Lucas 22:24 dice: *"Hubo también entre ellos una disputa sobre quién de ellos sería el mayor".* Es curioso que esta pugna sea típica de nosotros los seres humanos en cualquier situación social, y por supuesto, en el ámbito ministerial cristiano tampoco nos escapamos.

> Estos seguidores de Jesús, líderes, pastores en potencia estaban listos para el trono pero no para la toalla. ¿Será que el Señor nos ha llamado más bien a la compasión que a la competencia?

Aún en las filas de los siervos de Dios sigue habiendo competencia; ese sutil espíritu que flota por debajo de la superficie y aparece cuando la carne se alborota y busca notoriedad. Estos, que iban a ser los líderes de la iglesia se peleaban por el trono, mas no por la toalla.

No somos diferentes a ellos. Nos identificamos con estos discípulos que el Señor rescata y saca de sus entornos para hablarles de ser parte de un Reino que no es de este mundo. Pero en algún momento pierden el norte y no entienden a cabalidad el precio de servir en ese Reino; ignoran que no es cuestión de puestos ni de rangos.

El escenario es el siguiente: una cena con el Maestro; con el Rey de reyes y Señor de señores.

A veces venimos a la cena con Jesús, cargados con todo el bagaje de la semana, que acumulamos, el que se nos pega y lo traemos al sentarnos a la mesa del Señor. Y el Señor nos quiere refrescar. Él quiere que nos desatemos las sandalias, que nos sentemos y relajemos ante Su presencia porque Él quiere "lavarnos los pies".

Cuántas veces he venido así a la mesa del Señor, sucio, preocupado, ocupado, absorto, cargado y me doy cuenta de que necesito ser refrescado *en* y *por* el Señor.

Hay muchas situaciones que me refrescan espiritualmente:

- Cuando me reúno con otros colegas del ministerio, que estamos al mismo nivel, sin máscaras, abiertos, y oramos juntos; llevamos así las cargas los unos de los otros.

- Un buen tiempo de alabanza y adoración con otros hermanos, donde el Señor me limpia, me sana, me ministra y estoy en intimidad con Él.

- Cuando me encuentro con un amigo mentor y podemos hablar "a calzón quitado".

- El leer y estudiar la Palabra de Dios y ver que he dado en el clavo y puedo exclamar "¡Eureka, esta Palabra es para mí y ahora!".

- Y por supuesto, al estar quieto y en privado ante Dios en meditación y contemplación, me desintoxico y me elevo.

¡Cuánto necesitamos los que estamos en el ministerio sirviendo a Dios, ser refrescados en el Señor y ser refrescados por Él!

"... Como había amado a los suyos...hasta el fin" (v. 1).

Los discípulos no entenderían "cómo los amó hasta el fin" hasta después de resucitado y el Pentecostés. Ahora Jesús les mostraría "el cómo" de Su amor hasta el fin con una acción de humildad en vivo: ¡Lavándoles los pies!

Con esta pequeña y sencilla lección les va a enseñar, primero, quién es el número uno; y después, ¿quién quiere ser el "nú-

El servicio

mero uno"? Segundo, a amarse y servirse unos a otros incondicionalmente.

En los v. 2 y 3 notamos que Jesús estaba en control de todo lo que estaba ocurriendo; a sabiendas y conociendo el corazón y las intenciones del traidor Judas, se sentó a comer con él y le lavó también los pies. Judas en esa cena estaba *"comiendo y bebiendo indignamente"* y *"comió y bebió juicio para sí"* (ver 1 Corintios 11:27-29). No era digno de sentarse a la mesa con el Señor, pero Jesús también amó a Judas *"hasta el fin"*; pero Dios no puede ser burlado. Judas no se examinó.

El v. 4 dice que *"se levantó de la cena..."* e hizo algo muy significativo y simbólico:

> *"...se quitó su manto..."*

> *"...y tomando una toalla, se la ciñó".*

Filipenses 2:5-8 nos da la explicación de lo que hizo Jesús aquí en esta cena:

"Haya, pues, en vosotros este sentir que hubo también en Cristo Jesús, el cual, siendo en <u>forma de Dios</u>, no estimó el <u>ser igual a Dios</u> como cosa a que aferrarse, sino que <u>se despojó a sí mismo</u>, tomando <u>forma de siervo</u>, hecho semejante a los hombres; y estando en la condición de hombre, <u>se humilló a sí mismo</u>, haciéndose obediente hasta la muerte, y muerte de cruz" (subrayados añadidos).

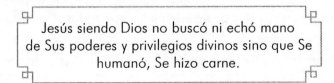

Jesús siendo Dios no buscó ni echó mano de Sus poderes y privilegios divinos sino que Se humanó, Se hizo carne.

Cuando se quitó Su manto, les estaba diciendo que se había despojado de Su deidad. Cuando tomó la toalla y se la puso, les estaba diciendo que Él como Dios se había vestido de carne, se había vestido de hombre.

La pregunta es obligada, ¿y para qué hizo todo esto el Dios del universo, el Creador, el Todopoderoso, el Omnisciente Dios? Todo esto ¿para qué? ¿Para *lavar pies sucios*?

Jesús no tenía complejo de identidad. Sabía muy bien quién era: Fíjate el v. 3 *"...sabiendo Jesús...que había salido de Dios y a Dios iba...".*

En ese momento los discípulos pensaron cuando lo vieron interrumpir su cena, ponerse de pie, quitarse el manto o cierta ropa y ponerse una toalla: ¡Ajá! Va a hacer otra demostración y despliegue de Su poder; está a punto de hacer algo espectacular, pero ¿en paños menores? Y ¿con una toalla? Nunca sabemos con qué saldrá el Maestro, pero ahora ¿qué irá a hacer?

Este es el cuadro de lo que sucedía en esa casa:

En este sitio y en ese preciso momento no había sirviente o criado. El deseo de Jesús era estar con los doce y nadie más. Quizá hizo ese arreglo con el anfitrión de antemano para disponer ese tiempo íntimo con Sus discípulos y adrede darles la lección.

La costumbre era que el dueño de la casa o el anfitrión proveyera un sirviente que lavara los pies de todos los invitados a la cena, porque ese trabajito era reservado a los sirvientes. Uno mismo no se lavaba los pies, eso era el trabajo de un "siervo".

El servicio

Quizá podríamos pensar que los discípulos se disputarían o pelearían el "puesto de sirviente" ¿verdad? Porque luego de andar con Jesús por algún tiempo creeríamos que al ver ellos la falta de sirviente se estarían peleando por la "palangana y los pies" de sus condiscípulos. Jesús espera un poco para ver la reacción, para ver si alguien *toma la iniciativa* de hacerlo.

La pregunta es obligada: ¿Qué haríamos nosotros en una situación así? ¿Qué hacemos en otras situaciones como estas? Pues sacamos nuestros quesos, perdón, nuestros pies, los estiramos para que los vean, tosemos un poco aclarándonos la garganta y preguntamos de una manera gallarda: "¿A alguien se le está olvidando hacer algo?", y esperamos que alguien acuda al llamado y venga a lavarnos los pies.

De nuevo, el v. 4 nos ilustra, Jesús se levanta de la cena, es decir interrumpe Su cena. Deja de hacer algo que le gustaba y disfrutaba hacer, al igual que nosotros. Y <u>cuelga</u> (o se despoja de) toda Su divinidad, con todos Sus atributos. Se quita Su manto de todo Su poder creativo, de toda Su fuerza y sabiduría encarnada...para lavar, *uno por uno*, los pies sucios de los discípulos.

¿Seremos tan inseguros de nuestra propia identidad para no lavarle los pies a un hermano consiervo y discípulo? ¿Tendremos el valor de humillarnos? ¿Acaso nos creemos tan grandes que no somos capaces de hacer algo tan pequeño?

> Normalmente los que buscan y pugnan por ser el "número uno" o el primero, no están, ni siquiera en lo más remoto, pensando en lavar los pies. No es fácil el asunto este de lavar los pies.

"Luego puso agua en un lebrillo [palangana], *y comenzó a lavar los pies de los discípulos, y a enjugarlos con la toalla con que estaba ceñido"*(v. 5).

Cuando ven a Jesús llenar la palangana de agua, comienzan a sentirse avergonzados, porque ellos son los que debieran estar haciendo eso. Transpórtate a ese lugar en ese preciso momento, imagínate el cuadro. Suponte que estás sentado entre los doce y ves que Jesús se te acerca con el lebrillo en mano y se pone a tus pies. Te mira a los ojos. La mirada de Jesús debe ser algo increíble, magnánima, no para que te sientas mal sino para elevarte. ¿Qué vas a decir? Es más, ¿qué puedes decir? En eso, agarra primero un pie y luego el otro. Te desata las sandalias; te descalza y comienza a bañarte los pies. Todo esto dentro de una masculinidad normal y sana. Te lava los pies de una manera varonil y de pronto te sientes y te ves vulnerable, porque con este acto de amor el Señor te ha "desarmado" y deshace todos tus esquemas sociales y espirituales. Y lo mismo sucede con los demás discípulos.

Hay que reconocer que se necesitan agallas para hacer algo como lo que hizo Jesús, espontáneamente y de corazón, mostrando una profunda amistad y compromiso con esos doce hombres.

Parece ser que nadie había dicho nada hasta el momento, reinaba el silencio. Jesús fue uno a uno, discípulo por discípulo, lavándoles los pies.

Me imagino que si alguien supiera que le van a lavar los pies en una reunión así, y más en una cena, tal vez echaría mano del cortaúñas, talco, algún perfume, etc., o quizá ni aparecería por ahí, pues es algo que incomoda. El Señor no solo les está enseñando y mostrando los *reajustes* a realizar en su actitud, sino la razón por qué y para qué Él había venido:

"...el Hijo del Hombre no vino para ser servido, sino <u>para servir</u>, y <u>para dar</u> su vida en rescate por muchos" (Mateo 20:28, subrayados añadidos). *"Mas yo estoy entre vosotros como el que sirve"* (Lucas 22:27).

> Puedes estar seguro que Jesús nunca nos pide hacer algo que Él no haya hecho primero. ¡Le lava los pies a Judas!, y se los lava con la misma compasión y tacto que a Juan.

Eso sí es ser <u>fuerte</u>. La mirada de Jesús a los ojos de Judas le habrá parecido como una eternidad y es que la única arma del Señor Jesús era y será el *amor*. Jesús no trata de convencer a Judas para que desista de su plan; más bien trata de ganarse a Judas por amor y con amor: le lava los pies.

Esto es crucial: si Jesús no nos puede ganar con Su amor, puedes estar seguro de que no va a usar otra arma. Es la única que tiene. El amor "ágape" de Jesús, amor incondicional, sin esperar nada a cambio.

De igual manera nosotros debemos usar las del amor.

¿Cómo respondemos y reaccionamos cuando nos hacen algo ofensivo? ¿Cómo reaccionamos cuando nos tocan el ego? ¿Amamos como Cristo?¿Qué solemos hacer con nuestros enemigos? ¿Les lavamos los pies, les servimos, les "refrescamos"? O los ignoramos porque nuestro ego, nuestro orgullo, es muy grande.

Necesitamos humillarnos y pedirle al Señor que nos dé fortaleza, la misma que Él tuvo, para lavar los pies sucios y apestosos a un montón de hombres, algunos rudos y uno, traidor.

Jesús no tenía problemas de identidad porque sabía quién era; sabía de dónde y de quién venía y sabía a dónde iba. Jesús era un hombre seguro de sí mismo y no se sentía amenazado.

Veamos esta transición en el v. 6: *"Entonces vino a Simón Pedro..."*.

Después de lavar los pies a los demás, vino a Pedro. Pedro no le quita la toalla al Señor, sino que le pregunta *"...Señor, ¿tú me lavas los pies?"*. Al preguntarle así, como que Pedro retira o esconde los pies para que Jesús no se los lave. ¡Cómo nos parecemos a Pedro! No estamos dispuestos a que un colega o hermano nos lave los pies. No queremos ni necesitamos ayuda de nadie. Por dentro decimos "no necesito ayuda, gracias; lo puedo hacer solo". Porque nos resulta más fácil lavar los pies de otros que dejanos lavar los pies. El Señor tiene que romper eso en nuestras vidas, tiene que romper nuestro orgullo y nuestra soberbia.

"Respondió Jesús y le dijo: Lo que yo hago, tú no lo comprendes ahora; mas lo entenderás después"(v. 7).

Pedro no comprendía. El Señor de todo ¿lavando pies? y ¿quiere lavar los míos? Jesús le está diciendo en un sentido: "Pedro confía en mí. Aunque no entiendas todo, yo sé lo que hago, después de todo soy el creador del universo; ya entenderás".

> Cuantas veces el Señor me ha hablado de esta manera en situaciones parecidas: "Deja que haga lo que estoy haciendo en tu vida de esta manera; sé que no es convencional".

Te estoy dirigiendo, te estoy formando, estás en un programa de discipulado de por vida. Confía en mí; ya entenderás".

Nota la respuesta de Pedro en el v. 8: *"...No me lavarás los pies jamás..."*. ¡Pedro le dijo "no" al Señor! Pedro estaba en ese asunto de negar al Señor. Imagínate decirle *no* a Dios. Además de la manera tan tajante que se lo dijo: *"jamás"*. Es como decirle a Dios: "Dios, no quiero ni necesito esto en mi vida". A veces somos como Pedro, no queremos ni necesitamos ayuda de nadie. Es el síndrome de "lo puedo hacer solo, gracias".

La respuesta contundente y firme de Jesús es: *"...Si no te lavare, no tendrás parte conmigo"*. Es posible que en algún momento de nuestro peregrinar con el Señor, al comienzo, a la mitad del camino e incluso cuando ya hemos caminado con Él por un buen tiempo y atravesamos alguna crisis, quizá reaccionemos de igual manera y el Señor tiene que ser fuerte con nosotros. Si no cedes al Señor y a Su obrar y mover en tu vida, no puedes tener parte, ni comunión con Él. Es el *reptil* en nosotros que a veces sale y quiere revelarse; esa vieja naturaleza, nuestra carne se revela a Su mover y Su voluntad. Brotes de resistencia que el Señor mismo tiene que vencer con una palabra contundente, reprendernos y ponernos en nuestro lugar.

Entonces, se le enciende el bombillo a Pedro y se da cuenta; pero su reacción es irse al extremo.

"...Señor, no sólo mis pies, sino también las manos y la cabeza" (v. 9). Pedro le estaba pidiendo un baño completo. Siempre tan exagerado y venático; iba de un extremo al otro, pero el Señor siempre lo trae al centro. Así es con nosotros: Dios tiene Su manera de equilibrarnos, de traernos al centro, cuando estamos a tono con Él.

En el v. 10 Jesús le explica que no hay necesidad que le dé un baño: *"Jesús le dijo: El que está lavado, no necesita sino lavarse los pies, pues está todo limpio; y vosotros limpios estáis, aunque no todos".* Permítame contextualizar esto. La costumbre era que cuando se invitaba a una cena, la persona iba a los baños públicos y de ahí salía limpio; pero desde el baño hasta el lugar de la cena los pies se ensuciaban por el polvo y la tierra de las calles (usaban sandalias) y al entrar a la casa, normalmente un esclavo o un siervo lavaba los pies de los comensales.

En Cristo estamos limpios, pero *"pies sucios"* representa todo aquello que se nos adhiere, que se nos pega diariamente. Todos los días nos ensuciamos en nuestro andar. No precisas salvarte o bañarte otra vez. Solo tienes que ir al Señor y decirle: ¡Jesús, tengo los pies sucios! Si no se lo dices, si no confiesas, si no se lo pides al Señor, Él te lo va a decir, y te confrontará.

Hay un contraste entre los versículos 12 y 4 que es clave para entender lo que les estaba enseñando.

El versículo 4 dice que:

> ➤ *Se quitó su manto*. Se despojó de Su deidad y vino al mundo.

➤ *Se puso una toalla.* Se "vistió" como ser humano (se hizo carne).

El versículo 12 dice:

➤ *"Después que les hubo lavado los pies..."*: después que hubo acabado su obra aquí en la tierra.

➤ *"Tomó su manto..."*: se vistió de Su deidad y de toda su majestad.

➤ *"Y volvió..."*: y volvió a sentarse en Su trono, volvió a Su lugar de origen.

Qué tremendo que en esta cena, en este aposento alto, con lavado de pies y todo, Jesús les muestra visualmente con un mejor *PowerPoint* toda Su obra:

"¿Sabéis lo que os he hecho?" (v. 12).

Mira aquí el contraste y el cambio, o sea, lo que Él hizo: *"...me llamáis Maestro, y Señor..."* (v. 13). Primero Maestro y segundo Señor. Para ellos el señorío de Cristo estaba en segundo lugar; hasta que les lavó los pies.

Luego Jesús cambia el orden y la prioridad: *"Pues si yo, el Señor y el Maestro, he lavado vuestros pies, vosotros también debéis lavaros* [refrescaros] *los pies los unos a los otros. Porque ejemplo os he dado, para que como yo os he hecho, vosotros también hagáis"* (vv. 14-15).

En el v. 17 leemos:

1) *"Si sabéis estas cosas..."* ➡ Es bueno el conocimiento y la teoría, pero...

2) *"... bienaventurados seréis..."* Felices, dichosos, bendecidos...

3) *"... si las hiciereis"* ➔ la práctica, la acción, es la clave. No es solo el dicho, sino el hecho.

Servir a otros trae satisfacción, dicha, felicidad y bienaventuranza a nuestras vidas.

En mi experiencia he encontrado verdadera comunión y compañerismo cuando he ido y *refrescado* espiritual y emocionalmente a otro hermano, colega u oveja en el Señor.

Hay muchas maneras de refrescar:

- Una palabra de ánimo
- Un saludo oportuno
- Una llamada telefónica en el momento justo
- Un abrazo sincero y sentido
- Sentarse simplemente a escuchar
- Una palabra de fe y esperanza
- Cuando alguien te bendice en algo específico
- Cuando te envían un versículo o porción de las Escrituras que es para ti
- Llorar con un hermano(a)
- Reír con un hermano(a)

> Cuando hemos tenido verdadera comunión con Dios y con los demás, salimos limpios, refrescados; salimos sintiéndonos limpios.

Busquemos maneras de refrescar a otros colegas y hermanos en Cristo porque las demandas del ministerio y de la vida son fuertes y nos desgastan, nos drenan; por eso, busquemos oportunidades de refrescarnos en el Señor.

Una palabra de aviso

Tengamos cuidado de cómo le lavamos los pies a un hermano. Examinar nuestro corazón y motivación: "Así que quieres que te sirva ¿eh?"...OJO.

- Se pueden lavar los pies en <u>agua muy fría.</u>
- Se pueden lavar los pies en <u>agua hirviendo.</u>
- Se pueden lavar los pies con <u>estropajo o papel de lija.</u>
- Incluso "aplicar" un masaje <u>demasiado fuerte.</u>

¿Qué será entonces? ¿La toalla o el trono? ¿Competencia o compasión? ¿Servir o ser servidos?

Conclusión

Soy amante del séptimo arte. Una de mis películas favoritas es "Rescatando al soldado Ryan"; creo, la mejor de las películas de guerra basada en la vida real. La trama de la película se contextualiza en el año 1944, en pleno transcurso de la Segunda Guerra Mundial. Tras el desembarco de las tropas norteamericanas en Normandía (Francia), el soldado James

Ryan (interpretado por Matt Damon), único superviviente de cuatro hermanos, los cuales ya han muerto en la guerra, ha desaparecido. Lo único que saben es que Ryan se lanzó con su escuadrón de paracaidistas tras las líneas del enemigo nazi. El no saber exactamente dónde está, complica más la misión de salvarle la vida y sacarlo de ese infierno.

El capitán americano John Miller (interpretado por Tom Hanks) convierte su búsqueda en una de sus prioridades y hace todo lo posible por llevarle de vuelta a su casa, con su familia. En esta misión en territorio francés, ocupado por los nazis, el pelotón de Miller deberá arriesgar sus vidas con el fin de traer a Ryan y devolverlo a su madre quien ya ha perdido tres hijos.

La escena impactante para mí, es cuando el pelotón ha defendido un puente para que no crucen los tanques y soldados nazis. El capitán Miller es herido mortalmente y hace que Ryan se acerque y le murmura al oído, casi sin vida, sus últimas palabras: "James...hágase usted digno de esto...merézcalo".

Cada vez que veo esta escena, me conmueve y me recuerda lo siguiente como siervo de Dios: Otros han pagado el sumo sacrificio, el precio más alto, para que ahora vivamos sirviendo al Señor dignamente. Cristo pagó el sacrificio mayor con Su vida por nosotros; fue hasta el final, hasta la cruz por mí y por ti, para rescatarnos del pecado y de la muerte y llevarnos a la familia de Dios. No puedo defraudar al Señor ni a aquellos a quienes sirvo en Su nombre. Apreciado consiervo y colega, "hágase usted digno de esto...merézcalo".

Palabras de ánimo

> De vez en cuando alguien te sorprende con una palabra de ánimo que no te esperabas. Es como una bocanada de aire en medio de las presiones del ministerio.

Durante mis años de pastor he recibido numerosas tarjetas de felicitación, de ánimo, de apoyo, cartas abiertas e incluso notitas con una frase motivacional y otras no tanto; incluso críticas negativas y destructivas; no eran misivas sino misiles. Hay de todo en la viña del Señor y a medida que avanzas en el ministerio mejor que estés listo para recibir todo tipo de "tarjetas".

Siempre tuve claro que al ser pastor de una congregación no estaba allí para ser popular sino para declarar y enseñar Su verdad, lo que seguramente a más de uno no le iba a gustar. Estaba sirviendo en ese lugar porque el Señor me había puesto ahí. De todas estas tarjetas y notas, una me llamó la atención. Aquella que me pasó un hermano de la iglesia; fue algo espontáneo escrito con sinceridad, pues, por años estuvimos ministrándole para superar y vencer adicciones y avanzar en la vida, el matrimonio y su familia. Esta nota simplemente me bendijo, fue como un "empujón" a seguir adelante.

> *El pastor no es perfecto pero está bien enfocado en lo que es su propósito (traernos la Palabra de Dios). Su énfasis es Dios. No diluye la Palabra en su mensaje. No hay idea tan básica y tan clara presentada por él que exprese: "Estamos aquí para honrar y adorar a Dios".*
>
> *El mensaje se trata siempre de Dios y no sobre aspectos mundanos. El pastor es humano, tiene faltas como todos*

nosotros. Tiene que trabajar, ser un esposo, padre y líder. Eso no es fácil.

Nos olvidamos que ser pastor es muy difícil. Siempre está en la mirilla de todos. Todos critican y señalan, hablan y chismean de las faltas y otros defectos. Parece que se nos olvida que estamos aquí para buscar a Dios, no para criticar o hablar de los demás o del pastor.

Doy gracias a Dios por mi pastor porque es sencillo, amigable, humano y el mejor amigo que un hombre puede tener. Le doy gracias a Dios por la manera que Él usa a mi pastor y por cómo predica el mensaje.

Gracias pastor por ser así. Dios te bendiga y a tu familia. Poniendo siempre nuestros ojos en Cristo.

16
Capítulo

¿Y LA FAMILIA? BIEN, GRACIAS

En una reunión de pastores en Miami, en agosto de 2014, con el veterano y experimentado Orville Swindoll, quien fuera misionero en Argentina por treinta y siete años, se nos hablaba sobre la necesidad de cuidar la familia como obreros y siervos de Dios. Nos apuntó: "Sin hogares íntegros, responsables, santos, hacendosos y diligentes, todo se pierde". Y sentenció acertadamente que "si esta generación de obreros pierde a sus hijos, la próxima tendrá que comenzar de nuevo". Esas aseveraciones calaron profundo en mí, pues mi familia es prioridad. El valor de los hijos, incalculable. Que nuestros hijos anden en los caminos de Dios y le sirvan, es algo no negociable.

Perder a los hijos debe alarmarnos pues la obra de Dios debe continuar de una generación a otra. A aquellos que tuvimos el privilegio de nacer en un hogar cristiano, de padres que eran parte de la obra de Dios, se nos entregó ese bastón de servir en la obra y me atrevería a decir que está en nuestro ADN espiritual.

> Dios hace Su obra con o sin nosotros, pero pensar que por no cuidar nuestras familias y dejar ese legado, la obra se retrasaría es triste, porque tendrían que comenzar de nuevo.

Matrimonio

El 15 de agosto de 2015 cumplimos 34 años de casados.

Somos "dinosaurios"...una especie en extinción.

> La relación matrimonial es la más importante de las relaciones humanas. Es la columna vertebral de la familia y de la sociedad.

Luego de más de tres décadas casado con Alina, una mujer extraordinaria como la de Proverbios 31, puedo decir que he sido favorecido por Dios con una compañera, amante, amiga, paño de lágrimas, enfermera, cocinera, ancla; en fin, su presencia en mi vida ha marcado la diferencia. Sin ella me siento incompleto.

La siguiente carta se la escribí luego de estar separados por cuestiones de mudanza y trabajo. Después de habernos mudado de California a la Florida y trabajar en Miami por dos años y medio, como familia no nos encontrábamos a gusto. El cambio había sido drástico para los chicos y para ella. Queriendo complacer a mis hijos y esposa decidí renunciar al trabajo y volvernos a California con parte de la mudanza que habíamos traído de allá dos años antes.

Al regresar a California no encontré mi norte y decidí regresar a Miami. Lo hice solo, pues carecía de los recursos para hacer semejante traslado con toda la familia en tan solo un mes. Tuvimos nuestras pocas pertenencias almacenadas por meses y meses mientras mi esposa con los chicos vivieron en casa de mis suegros. Yo al otro extremo de los Estados Unidos, vivía con mi hermana y su familia mientras ahorraba para poder traer a Alina y los niños y reunirnos de nuevo.

En ese ínterin, había un vacío de familia impresionante; la gran necesidad de estar con los míos y sobre todo con mi amada, mi compañera de viaje por la vida. De esa profunda necesidad de su presencia me salieron las palabras que plasmé en papel en esta carta que trascribo con el permiso de ella:

3 de agosto, 1994
Miami, Florida
A mi querida Alina:

> *Esta vez no me olvidaré. El quince de este mes cumplimos trece años de casados. Estaba pensando en nuestro aniversario. Más bien estaba soñando e imaginando que te había llevado a un restaurante de Coral Gables y después de una cena suntuosa te había sorprendido con un brazalete de oro...para después irnos en un crucero por el Caribe.*

> *Pero la realidad me abofeteó la cara recién afeitada. Tú y los niños están lejos, nuestras pocas pertenencias en un almacén; nuestro único automóvil averiado, sin casa propia, sin trabajo y sin dinero.*

> *Pensando en nosotros, para la sociedad en que vivimos, con trece años de casados, somos como esos dinosaurios de extinción que pertenecen a la prehistoria.*

Cuanto más tiempo llevamos juntos más pensamos igual. A veces, después de un rato de silencio uno de los dos interrumpe con un comentario que estaba en la mente de los dos al mismo tiempo. Cuántas veces hemos pensado en la misma persona, al mismo tiempo.

Debo confesarte que algunas noches he abrazado la almohada creyendo que eras tú, pero la sensación se ha esfumado después de conciliar el sueño otra vez. Hacen películas de gentes que están en Seattle sin poder dormir por causa del amor. Lo cierto es que hay noches que despierto pensando en ti y me pellizco para ver si estoy soñando o estoy en Miami. Decir que echo de menos tu mirada, tus atenciones, tus caricias, tus besos, tus comidas, tu cuerpo; no es lo mismo que decir que echo de menos tu presencia. Cuando tú estás me siento encajado, orientado, atinado y resuelto.

Pensando en estos trece años, algunos momentos me han venido a la mente con la ayuda de una calculadora. Situaciones y casos que hemos atravesado juntos.

Hemos vivido juntos en 8 casas y apartamentos diferentes. Dos hijos estupendos y guapísimos. Pastoreado una iglesia (con división y todo). Una guerra y dos invasiones (por televisión). La pérdida de dos embarazos.

Hemos tenido cinco autos. Diez viajes de vacaciones. Cinco retiros espirituales. Once trabajos diferentes. Cinco bancos...

Me has hecho 7.800 comidas y almuerzos. Me has lavado 6.760 piezas de vestir (sobre todo ropa interior).

¿Y la familia? Bien, gracias

Hemos ido juntos al supermercado unas 1.352 veces. Nos hemos besado 23.660 veces (aunque creo que son muchas más).

No recuerdo que nos hayamos insultado alguna vez, ni siquiera discutido acaloradamente.

Hemos ido a la iglesia juntos unas 1.200 veces. Hemos votado juntos en dos elecciones presidenciales. Hemos compartido la misma pasta de dientes, las mismas deudas, armarios y familiares.

Nos hemos entregado el uno al otro sin reservas. Todavía recuerdo luego de trece años tu vestido que parecía un merengue de blanco, cuando Loyola me preguntó si te aceptaba como mi esposa. Y como si fuera algo que hubiese ensayado muchas veces en mi mente y después grabado en mi corazón, sin titubear dije: Sí, la acepto. Y hoy sin titubear, aunque nos separa la distancia, te digo otra vez que te acepto, y te acepto más que nunca como eres porque te amo y en el amor no existen dimensiones de distancia ni tiempo.

Y en estos trece años, con la acumulación de tantas cosas, vivencias y recuerdos lo que perdura es el AMOR, porque como rezaba nuestra tarjeta de invitación de bodas... "Por lo cual estamos seguros de que ni la muerte, ni la vida, ni ángeles, ni principados, ni potestades, ni lo PRESENTE, ni lo por venir, ni lo alto, ni lo profundo, ni ninguna otra cosa creada nos podrá separar del amor de Dios, que es en Cristo Jesús Señor nuestro" (Romanos 8:38-39). Las muchas aguas, como dice Cantares, no han podido, ni podrán apagar el fuego de nuestro amor. Puedo pres-

cindir de pertenencias, de automóvil, de casa, de trabajo, de dinero; pero no puedo vivir sin ti. Sabiendo que las cosas que necesitamos para vivir serán añadidas al buscar primero al Señor, prometo llevarte a ese restaurante en Coral Gables y a ese crucero por el Caribe. ¡Ah! Y brazalete incluido.

El amor nunca deja de ser.
Alfonso.

Como ya mencioné, este año 2015 serán 34 años de caminar juntos en este largo viaje de la vida y este proverbio africano me recuerda una gran verdad:

> "Si quieres llegar o ir rápido, ve solo. Si quieres ir lejos, ve acompañado".

La relación padre-hijo

> La importancia de un pastor como padre para sus hijos es enorme. Un problema real que se vive en la iglesia de hoy es la ausencia de los pastores en casa, en familia, con los hijos. Esto es devastador y ha cobrado la vida de muchas familias pastorales.

Mi padre no fue la excepción y en ese celo de servir a Dios, por momentos descuidó la familia. Yo me rebelé y pasamos por un tiempo turbulento. Escribo con esta franqueza pues los *pastores de carne y hueso* como mi padre, también pasan por experiencias así.

Durante ese tiempo donde yo vivía una doble vida (un pie en el mundo y otro en la iglesia) seguía siendo el hijo del pastor, del misionero.

Llegaba a horas de la madrugada... y él me estaba esperando. Mi padre se reivindicó de muchas maneras y fue lo que siempre fue para mí: mi padre, mi héroe, mi amigo.

Papá, ¿te puedo llamar Pedro?

Una de las relaciones más descuidadas dentro del seno de la familia es la de padre-hijo. Vivimos en un mundo disfuncional donde hombres jóvenes y adultos no han logrado superar el enorme vacío de la ausencia de un padre física o emocionalmente hablando aun habiendo estado presente en su infancia. Resultado: hombres con luchas internas en su identidad masculina, profundos problemas en ser ahora padres a sus hijos. Esto es un círculo vicioso que pasa de generación a generación sin resolverse.

En un artículo que leí en la sección de "*Style & Travel*" del rotativo *The Wall Street Journal* del jueves 30 de octubre de 2014 con el título "Larry, What's for Dinner tonight? First, Call Me Dad"[Larry, ¿que hay para cenar esta noche? Primero, llámame papá.]) habla de la tendencia que estamos viendo en los Estados Unidos de hijos que llaman a sus padres por su nombre. Esto también lo he visto entre niños hispanos. Papá y mamá se sustituyen por Pedro y María en muchas familias. Esto se debe, en parte, a que muchos padres pierden o rinden su autoridad dejando a sus hijos confundidos sobre la identidad del padre (o de la madre) y por otro lado estos padres están "apurando", acaso forzando prematuramente, una madurez en sus hijos a la cual no están listos.

Esto me llevó a la Palabra y en específico al pasaje de Mateo 6:6-13 al conocido "Padrenuestro" en el corazón del Sermón del monte.

Esta es una foto de la relación hijo-padre de la perspectiva bíblica. Aquí vemos la buena relación entre el padre y el hijo. Vemos también la figura del padre como debe ser.

En el v. 6 nos habla del concepto de *tu* Padre. No sugiere "Dios nuestro" sino "Padre nuestro". Debo insertar algo aquí en relación a cómo algunas culturas hispanas, en específico centroamericanas, se dirigen a Dios como una figura distante cuando oran usando el "usted" y no tuteando a Dios. Esto, sin duda, suena respetuoso y quizá venga del trasfondo cultural de esa región donde los hijos tratan a sus padres de "usted" y por ende ahora cuando conocen el evangelio se dirigen a Dios-Padre de esa misma manera porque es lo que han aprendido de sus padres terrenales por varias generaciones.

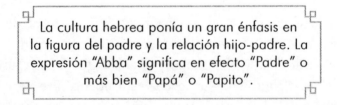

La cultura hebrea ponía un gran énfasis en la figura del padre y la relación hijo-padre. La expresión "Abba" significa en efecto "Padre" o más bien "Papá" o "Papito".

Cuando el padre llegaba del trabajo a casa, en la cultura hebrea, al entrar por la puerta era recibido por sus hijos que le llamaban "Abba" o "Papá"; y era un término de confianza, de proximidad, de cariño y de acercamiento.

Hablando de acercamiento, Jesús rompió el velo que nos separaba de Dios y Su santidad; la distancia que había entre Dios-Padre y el hombre; esa brecha, esas dos orillas se acercaron cuando Cristo logró esto en la cruz. Ya no hay separación de ninguna forma. Dios no es ese concepto de un Dios lejano, demasiado santo y perfecto, inalcanzable, acaso, para acercarnos donde Él está. Ahora hemos podido entrar al lugar santísimo y ahora le podemos llamar "Papá".

En el v. 8 hay tres detalles a señalar:

a. "No os hagáis semejantes a ellos...": esto es, el mundo. Este es el mensaje central del Sermón del monte. No hacernos o convertirnos como los del mundo sino más bien que ellos, los del mundo, se conviertan o se hagan como nosotros.

a. "El Padre sabe que tenéis necesidad...": El Padre vela por las necesidades de los hijos. Atiende o está atento a esas necesidades.

c. "Antes de que se lo pidáis": Previene, calcula, prepara.

Lo que debemos reconocer de un padre

Citaré 10 cosas para reconocer:

1. Persona

> "Padre" es más que una figura o un título, es una persona. La persona del Padre nos indica la necesidad de una relación. ¿Cómo Dios se relacionaría con sus criaturas sino a través de la figura y más aún, la persona de un padre?

Tenemos revelación de cómo es Dios como Padre porque estableció la persona y figura de un padre terrenal. En mi experiencia pude entender mejor cómo es Dios al mirar y conocer la persona de mi padre, mi amigo, mi confidente, mi compañero, mi acompañante y quien en ocasiones me disciplinó acertadamente y con justicia. Todo eso me ayudó a tener una relación correcta con *"el Padre de los espíritus..."* como dice Hebreos 12:9.

2. Pertenencia

"Padre nuestro" nos habla de pertenencia. Él es nuestro Padre y nosotros somos de Él. Tener un padre es importante. Uno de los males en nuestra sociedad es la ausencia del padre en muchas familias. Miles y miles de niños y jovencitos no pueden reclamar o decir "mi padre" o "nuestro padre", sencillamente porque no está.

Hace un tiempo me puse a investigar acerca de esto y me di cuenta que en nuestras sociedades, anglosajonas e hispanas (y otras también), crecimos con los personajes de Disney que nos leyeron de pequeños y nosotros a su vez lo hemos hecho con nuestros hijos. Por ejemplo, hay varios de estos personajes sin la figura o el personaje del padre. Estas son historias de familias "incompletas" y "disfuncionales": En Blanca Nieves y sus enanitos, no había un padre. El elefantito Dumbo tampoco tenía un padre. Bambi tenía madre pero no aparece un padre en este cuento. El cangurito Roo del cuento de Winnie de Pooh tampoco tiene padre.

Sin duda este detalle no se les escapó a los creadores de estos cuentos de Disney. En otros casos la madre está ausente porque la propia madre de Disney muere en circunstancias trágicas en la casa que acababan de comprarle cerca de Hollywood. Según los historiadores de Disney, Walt fue "eternamente menospreciado por su padre", lo que hizo que se apegara a la madre. De ahí, pienso yo, esa tónica de la ausencia de la figura de un padre en las historias de estos personajes de Disney.

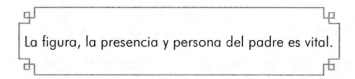

La figura, la presencia y persona del padre es vital.

Debo señalar mi gran respeto hacia las madres solteras que, por la ausencia del padre, están criando a sus hijos solas. Conozco esta situación de primera mano porque como pastor tuve que lidiar con esto y venir al rescate en numerosas ocasiones y ser de padre, consejero y hasta mediador entre madre e hijos.

La gravedad de este asunto:

> 71% de las adolescentes embarazadas carecen de un padre presente.

> 90% de los niños sin hogar y que huyen de casa (en los Estados Unidos les llaman *runaways*) provienen de hogares sin padre.

> 71% de los que abandonan la secundaria provienen de hogares sin padre.

Las consecuencias son nefastas. Los problemas en estos niños y adolescentes son de orden moral, social y educacional.

> Debemos reconocer que hay padres ausentes aunque están físicamente en casa o viven bajo el mismo techo.

Tan solo proveen lo material pero son invisibles a la hora de desarrollar una relación recíproca con sus hijos; este aspecto es totalmente nulo.

3. Posición

"...que estás en los cielos" (v. 9). Esto nos habla de su trascendencia y soberanía. De Su posición en los cielos emana toda bendición y cuidado hacia nosotros, Sus hijos.

4. Personalidad

"Santificado sea tu nombre" (v. 9) nos habla de Su identidad. Que sea respetado, honrado. Su nombre nos revela Su personalidad. ¿Qué hay en un nombre? Mucho. Respondemos cuando alguien nos llama por el nombre. Hay nombres que poseen un significado etimológico y cultural, mientras otros son simplemente un nombre. Hay nombres asociados con la realeza y abolengo, otros con la cultura, otros con las artes, otros con connotaciones religiosas, otros con la tradición, otros con el estatus social, otros con la historia, otros... bueno, captan la idea.

En los círculos donde me muevo, me conocen como el hijo de Guevara, y así será siempre. Mi padre tenía un testimonio y reputación que le precedía. Eso me honra y la vez me otorga una gran responsabilidad de honrar su nombre tratando de ser en lo posible como él era, aunque yo conservo mi propia personalidad; eso sí, llevo el mismo apellido.

5. Poder

"Venga tu reino" (v. 10) nos sugiere poder, autoridad, patrimonio. Aceptar y necesitar Su autoridad. Alguien debe estar a cargo: el Padre. El Padre asume esa autoridad y los hijos aceptan esa autoridad. A medida que crecen los hijos, la autoridad del Padre es delegada a los hijos. El Padre se gana esa autoridad por cumplir su papel de padre.

6. Precepto

"Hágase tu voluntad" (v. 10) tiene que ver con Su precepto, Su ley, lo que Él quiere y desea. ¿Dónde se encuentra Su voluntad? En Su Palabra, en Sus preceptos.

En un lugar donde todos tienen "voluntades" (la familia) debe prevalecer una voluntad para el equilibrio y salud del conjunto: la del padre.

7. Provisión

"El pan nuestro de cada día dánoslo hoy" (v. 11). Esta es la responsabilidad del Padre, de proveer para los suyos. Es deplorable ver los hombres que abandonan a sus esposas y sus familias. Son cobardes. No los puedo llamar esposos ni padres sino cobardes que prefieren huir de la realidad y el fragor de una familia escapando a una ilusión pasajera, en otro lugar, con otra gente. Estos individuos crean una maldición que ha de ser quebrantada y superada por esa generación que dejan atrás. Hemos visto a través de los años las heridas profundas que causan este tipo de acciones, tan viles y egoístas, de abandono del hogar por parte de un padre que se convierte en un padre ausente.

La figura y presencia del padre es tan importante y vital para el desarrollo de los hijos, porque todo hijo se merece, necesita y depende de un padre.

> Hay una satisfacción difícil de explicar cuando podemos proveer y dar cosas tangibles a nuestros hijos.

Es cierto, vivimos en una cultura materialista en extremo, por esa razón debemos ser cuidadosos con la generosidad hacia nuestros hijos. No es comprar su aprobación al darles y darles cosas materiales que no pudimos nosotros mismos disfrutar de niños, sino de una manera mesurada proveerles esas necesidades y gustos, por qué no, en momentos adecuados.

Después de todo, debemos reconocer que nuestro Padre celestial en algún momento nos ha mimado también.

8. Perdón

"Y perdónanos..." (v. 12).

Esta es una palabra clave en el hogar. ¡Qué triste es cuando los padres son dictadores y lo son porque ocultan lo inadecuados e incompetentes que son!

Cuando salí de casa para independizarme, mi padre me transmitió el mismo mensaje que su padre le dijera cuando era joven: "Hijo, siempre usa estas tres palabras o expresiones que te ayudarán y abrirán puertas: Por favor, perdón y gracias". Esta es sabiduría casera y noble pero muy eficaz. Me ha servido en la vida social, matrimonial y familiar.

He cometido errores con mis hijos. En más de una ocasión, cuando eran chicos en edad y tamaño, luego de ofuscarme inadecuadamente recapacité y me puse a su nivel a pedirles perdón por mi actitud y palabras. Eso es fruto del legado de mi propio padre que en ocasiones hizo lo mismo conmigo. Inmediatamente después, una vez que se ponía de pie mi papá, él me parecía más grande que nunca. Por eso lo tengo como un gigante en mi vida, fue un ejemplo e influencia formidable para mí.

9. Previsión

"Y no nos metas en tentación..." (v. 13).

La Palabra dice *"padres, no exasperéis a vuestros hijos"* (Colosenses 3:21a). Medicina preventiva es la mejor porque nos prepara para posibles males.

> Un buen padre, en ocasiones, tendrá que ser firme para establecer principios y parámetros para sus hijos, para que estos en el futuro no se metan en problemas ni en tentaciones.

También significa que en esos años críticos de formación de los hijos, el padre no rehusará echar mano de la disciplina adecuada, necesaria, justa y a tiempo, que el niño necesita.

Proverbios 13:24 es muy claro: *"El que detiene el castigo, a su hijo aborrece; mas el que lo ama, desde temprano lo corrige"*. ¿Traducción? Si no emplea la vara de disciplina en la temprana edad corrigiendo sus dobleces para que crezca recto y robusto, le estás enviando un mensaje a tu propio hijo de que no le amas lo suficiente o no te importa tanto como para disciplinarlo cuando es necesario. Una versión más contemporánea dice *"Quien no usa la vara no quiere a su hijo; quien lo ama, lo corrige a tiempo"* (La Palabra, España (BLP)).

10. Protección

"... Mas líbranos del mal..." (v. 13).

Esto no es solo físicamente. Tengo tres recuerdos muy vividos de mi padre, siguen frescos en mi memoria y jamás olvidaré:

Tendría unos diez años y andábamos en el Metro (Subterráneo) de la ciudad de Madrid, donde me crie. Los trenes pasaban cada pocos minutos. El movimiento de pasajeros que salían y entraban era impresionante. Cientos bajan y cientos suben a los vagones en cuestión de un minuto o menos. En aquellos tiempos había una distancia de unos quince centímetros (6 pulgadas) entre el andén y el vagón. Cuando se abrió la puerta y salió la gente nos tocó entrar. En ese instante no pisé bien y una de mis piernas quedó atrapada entre el andén y el vagón. En segundos la puerta se cerraría. En medio de la confusión y el miedo, mi padre me agarró de la mano y me haló fuertemente sacándome y salvando mi vida.

El segundo, lo supe mucho tiempo después, me defendió a capa y espada cuando me criticaron por ser el hijo del pastor (presión social muy típica, como hijo de pastor, en cualquier iglesia). Algo que a él le molestó en extremo y fue una crítica tonta e injusta.

Por último, al estar viviendo yo una doble vida, un pie en el mundo y otro en la iglesia, recuerdo varias veces al llegar a casa en la madrugada y caminar sigilosamente para no hacer ruido, ver que en la oficina de mi padre la luz estaba encendida. Al pasar y verle arrodillado orando, tapado con una manta por ser invierno, sabía por qué y por quién estaba orando. Cuando llegaba a mi habitación él apagaba la luz de la oficina y por fin se acostaba. Ese acto de amor incondicional traspasó mi corazón de tal manera que al fin el Señor pudo conmigo y me rendí a Él arrepentido, dedicando mi vida completa al Señor.

Por esas y otras tantas que no sé y no me contaron, estaré eternamente agradecido a mi padre de quien poseo el honor de llevar el mismo nombre y apellido.

Día del padre

Escribí esta reflexión para mí mismo en vísperas del Día del Padre el 16 de junio de 2013. Entiéndase que algunas expresiones aquí las puse de una manera directa y un tanto fuerte pensando en las horas de consejería a través de los años en hogares donde habían esposos mujeriegos, alcohólicos (y no anónimos); otros que trabajaban hasta la saciedad no sólo por dinero sino por aplacar el sentido de culpa de no ser buenos padres y poder justificar eso con horas de trabajo y tiempo extra trayendo mucha plata a casa. También esposas frustradas por no tener muestras de afecto de sus esposos; niños que crecieron mal creyendo que llorar no era de hombres y reprimieron así sus sentimientos, y otras tanto más horribles por la falta de verdaderos hombres en tantos hogares:

Ayer, en pleno vuelo hacia la ciudad de los rascacielos, me acordé que este domingo próximo es el Día del Padre. Pensando en esto me remonté a mi pasado y el entrañable recuerdo de mi padre. Tuve el enorme privilegio de tener un padre, en todo el sentido de la palabra. Esto es lo que escribí con el corazón en la mano.

¿Qué es un padre?

Antes que todo, es un hombre. Pensando en el primer hombre, Adán, Dios le dio primero trabajo y responsabilidad antes de darle una mujer. ¡En el "Jardín del Edén" había que trabajar!

> Hoy muchos hombres se "consiguen" mujer antes que trabajo. Dios no está buscando "chulos", está buscando hombres de verdad

Hoy muchos hombres se "consiguen" mujer antes que trabajo. Dios no está buscando "chulos", está buscando hombres de verdad que:

> *Sean trabajadores, luchadores y proveedores para su hogar, sean buenos padres, cuiden a sus hijos, les den atención, cambien sus pañales (¡reconozco que no fue mi tarea favorita de padre!), cambien sus actitudes, estén con ellos (y eso me habla de tiempo) físicamente: llevándolos y buscándolos a la escuela, jueguen con ellos, estén presentes en los juegos y deportes de sus equipos ayudándoles a llevar los palos de hockey (como me tocó a mí) o la pelota de baloncesto y les animen desde las gradas, se involucren en los cumpleaños, ayuden en las tareas y proyectos de la escuela, los llamen para saber dónde están y con quién están, los esperen cuando llegan tarde a casa,*

conozcan a sus amigos y los padres de sus amigos, no le suelten la mano dándoles más "billetes" de la cuenta, digan "no" cuando hace falta y "sí" cuando se necesita, sean lo suficientemente hombres para llorar con ellos o enfrente de ellos, los hagan trabajar para que se hagan hombrecitos, vean en sus padres generosidad y amabilidad con los demás y primero con los de casa, vean muestras de afecto y cariño como esposo con su esposa, con tacto, gusto y transparencia.

¿Y querías ser padre? ¡Felicidades y bienvenido al club! Esto es de por vida.

Esta nota se la envié a mis hijos Marcos y Daniel, a quienes amo con todo mi corazón, porque pienso que puede ser útil para cuando sean padres, lo mismo para todos a los que Dios nos delegó esta responsabilidad de ser padres.

Solemos ser el retrato de nuestros padres

Cenábamos en un restaurante cerca de casa y mi suegra le dijo en voz baja y discreta a mi esposa "pero si son igualitos, cómo se parecen". Se estaba refiriendo a mi hijo menor Daniel que estaba sentado a mi lado.

> Lo cierto es que solemos ser el retrato de nuestros padres. Nuestros hijos salen a nosotros y aunque esto parezca conocido por todos, lo que en realidad dice esta expresión es que nuestros hijos son nuestra proyección, nuestra imagen, ya sea para bien o para mal.

De ahí la tremenda responsabilidad en nuestra paternidad.

No hay mejor exhortación que la canción que compuso y cantara Harry Chapin en la década de los setenta y que aún hoy se oye en algunas emisoras de radio. La canción fue compuesta en 1974 y lleva el título en inglés: *"Cat's in the cradle"*. Esta es la traducción, y como podrán apreciar no necesita explicación alguna, excepto en el coro la referencia que hace sobre el gato y la cuchara de plata, significa que el niño nació en familia adinerada, está triste y su papá no se da cuenta:

El gato está en la cuna (*Cat's in the cradle*)

Mi hijo llegó el otro día, vino al mundo de manera habitual.
Pero había aviones que tomar y cuentas que pagar.
Aprendió a caminar mientras yo estaba fuera de casa.
Estaba hablando antes que yo lo supiera.
Y cuando creció dijo:
"Voy a ser como tú, papá. Sabes, que voy a ser como tú".

Coro:
Y el gato está en la cuna y la cuchara de plata,
Muchachito triste y el hombre en la luna.
"¿Cuándo vendrás a casa papá?".
"Hijo, no sé cuándo. Estaremos juntos entonces…
Sabes que lo pasaremos bien, entonces".

Mi hijo cumplió los diez años el otro día.
Dijo, "Gracias por la pelota papá. Ven, vamos a jugar.
¿Podrías enseñarme a lanzarla?".
Le respondí, "Hoy no, tengo mucho que hacer".
Él me dijo, "Está bien" y se fue, sonrió, y dijo:

"¿Saben? Voy a ser como él, sí. Saben...
que voy a ser como él".

Bueno, vino de la universidad el otro día,
Y casi hecho un hombre, debo decir.
"Estoy orgulloso de ti, ¿Puedes sentarte un rato?".
Movió su cabeza y me dijo con una sonrisa:
"Lo que en realidad quiero papá,
es que me prestes las llaves del auto.
Te veo más tarde, ¿puedo tenerlas por favor?".

Hace tiempo que estoy jubilado y ya mi hijo se fue de casa.
Lo llamé el otro día, le dije:
"Me gustaría verte, si no te importa".
Me respondió: "Me encantaría papá,
si pudiera encontrar el tiempo".
"Te explico: mi nuevo trabajo es un fastidio
y los niños tienen gripe.
Pero ha sido un gusto hablar contigo papá.
Ha sido un gusto haber
Hablado contigo papá".
Y mientras colgaba el teléfono, me di cuenta:
Creció tal como yo; mi hijo era como yo.

17
Capítulo

Ovejas de pelo, no de lana

¿Torero o pastor?

A través de todos tus años de labor ministerial, en ocasiones te encuentras con algunas ovejas que son bravas como los toros y te ves "toreando" en vez de apacentando.

Mi padre solía responder cuando le preguntaban a qué se dedicaba, que él era pastor de ovejas de pelo, no de lana; ya que ese concepto en un país como España, de cultura religiosa en aquellos tiempos, no compatibilizaba con la idea de un pastor que viviera en un edificio de apartamentos en una gran urbe como Madrid, en la época de los setenta. Hago esta transición para escribirles precisamente acerca de un pastor de carne y hueso.

Un pastor de carne y hueso

"La memoria del justo será bendita" (Proverbios 10:7a).

La memoria de este hombre de Dios, mi padre, es y seguirá siendo de bendición para generaciones.

> Este es un simple homenaje a este gigante de la fe que hizo una buena mella en mi vida y que nos sirve como ejemplo de lo que es un pastor de carne y hueso.

Alfonso Guevara (padre)

Nunca dejaremos de ser hijos de pastores. Su legado está en nuestro ADN. Somos una extensión de lo que fueron nuestros padres. No llego ni a la suela de lo que fue mi padre como pastor y siervo de Dios, pero el estándar está ahí para que yo siga sus pisadas.

En mis lecturas y devocional diario uso la Biblia que era de mi padre. Esta Biblia la atesoro pues él la compró en Madrid una vez que llegamos a España en el año 1968, después de que un mes antes le robaran el maletín en el aeropuerto de Rancho Boyeros en La Habana, donde estaban todos los documentos y su Biblia. Dios obró un milagro y pudimos salir del país a pesar de este contratiempo.

Volviendo a esta Biblia, ayer al leer el siguiente versículo me topé con esto, 35 años después.

Papi —así lo llamé siempre— leyó este versículo; el último del Salmo 40 el domingo 13 de abril de 1980: *"Aunque afligido yo y necesitado, Jehová pensará en mí. Mi ayuda y mi libertador eres tú; Dios mío, no te tardes".*

Esto fue lo que escribió en el margen de su Biblia:

> "Señor, gracias por tu ayuda hasta hoy. Te ruego que me socorras sin demorar sobre mis necesidades económicas. En el nombre de Cristo. Amén".

Dos días después, el martes 13 de abril, 1980 yendo de nuevo a este versículo escribía estas palabras: "Pasé el día sin comer por no tener dinero, pero Dios me dio fuerzas y fue de bendición para mi vida. El versículo 17 del Salmo 40, fue una experiencia en mí hoy. Al llegar a casa había una buena sopa; Blanca mandó 1.000 pts [pesetas]".

Blanca, viuda en aquel tiempo, y Emiliano Acosta eran un matrimonio misionero (él oriundo de las Islas Canarias, ciego, y ella cubana) que vivieron por años en un pueblito de Tenerife llamado Icod de los Vinos, en Islas Canarias. Acompañamos a mi padre en una ocasión a ese lugar porque ayudó en una campaña evangelística para apoyar a esa difícil obra en aquella región. Eran amigos desde Cuba y en un momento de mucha necesidad esta hermana viuda dio, estoy seguro, de lo poco que tenía. Nunca supimos esto hasta ayer que leí lo que escribió mi padre.

Este testimonio muestra la vida real de los misioneros que viven por fe, como el caso de mi familia en España, al menos a finales de los sesenta y toda la década de los setenta, y de otros muchos que conocí y conozco. No era ese el caso de otros misioneros en ese país, que conducían coches de lujo de marcas extranjeras, que los propios nacionales no podían comprar, y vivían en chalets mientras que el madrileño común vivía en apartamentos o pisos, como se les dice allá.

> No es mi intención con este comentario negar la labor misionera de esos hermanos ni su estilo de vida porque en muchos de esos casos no prepararon a estos hombres y mujeres para hacer un *crossover* cultural e idiomático en las instituciones misioneras que los enviaban.

Ellos, como otros muchos, no duraban mucho en ese campo misionero y regresaban al poco tiempo frustrados de no poder penetrar la cultura y de no conectarse con la gente. Otros, me consta, viajaban para hacer turismo misionero.

Regresando al testimonio de mi padre, este suceso —que imagino no fue el primero ni mucho menos— se lo guardó para sí. Claro está que mis padres no nos contaban estas cuestiones. Sufrían en solitario y en silencio las dificultades que representaba vivir en un país y cultura diferentes, hablar el castellano con otro acento, vivir con escasez; los retos de la obra en sí, la oposición de la gente al evangelio en un país donde eran "más papistas que el Papa"; prescindir de tantas cosas, etc.

Mi padre, pastor a la antigua usanza, salía a ministrar todo el día, aconsejando, asesorando, orando por familias, ayudando a miembros de la iglesia, atendiendo asuntos de la congregación, etc. Lo dio todo por la obra y por los hermanos a quienes sirvió durante todos esos años.

Los trajes, sus camisas, su vestuario en su mayoría eran regalados. Bondad de los hermanos de los Estados Unidos que le obsequiaban cuando venían a visitar las iglesias que apoyaban y sostenían a nuestra familia como misioneros. Gastó muchos pares de zapatos subiendo pisos, tocando puertas, haciendo evangelismo personal. Andaba por las calles y el parque del barrio donde estaba ubicada la iglesia pasando tratados, invitando a la gente, conectándose con ellos para hablarles de Cristo; esa era su conversación, pasión e inspiración. Todo esto me consta porque en muchas ocasiones le acompañé junto con algunos hermanos dedicados y comprometidos de la iglesia.

Fue muy valiente al adentrarse en una cultura tan difícil, compleja y exigente como la española. Puedo decir que se ganó a la gente porque amaba a la gente, comía con ellos, lloraba y reía con ellos, tal como el Señor lo hizo cuando anduvo en la tierra. Su ministerio siguió el patrón del Maestro. Se identificó con la gente.

Mi padre no era un hombre intelectual, era guajiro (término muy cubano que significa salido del campo), que fue a estudiar y prepararse en el seminario en Cuba. Hombre sencillo, nada sofisticado, pero con una unción especial al predicar la Palabra con poder. Poseía un don innato de comunicador y supo usarlo para la gloria de Dios. Era muy atrevido, poseía un denuedo tremendo, en medio de sus temores, pues lo recuerdo como evangelista no solo a nivel personal sino cuando se paraba detrás de un púlpito predicando el mensaje con esa pasión y convicción que lo caracterizaban, usando anécdotas personales, historias que le habían sucedido y aplicándolas al mensaje de una manera magistral.

Recuerdo cuando la iglesia que él pastoreaba junto a otro misionero de la Misión Worldteam organizó la primera campaña evangelística en el barrio, poniendo la primera carpa con capacidad para unas cien o más personas. No titubeó en declarar la verdad del evangelio en aquella carpa que la gente creía era un circo. Era la primera vez en España que se hacía algo así.

En una revista que publicaba la agencia misionera para quien trabajó hasta que murió, su compañero y director de la obra Pablo Thompson escribió un acertado artículo que, creo yo, plasma muy bien su comprensión de quién y cómo era mi padre, el evangelista, el misionero, el siervo de Dios. Esta es mi traducción de una parte de dicho artículo: "Mi búsqueda del corazón de un evangelista".(My quest for an evangelist's heart): (Harvest Today, A Worldteam Publication / April - June 1979, pp. 4-5.)

"Justino, padre de la iglesia del siglo segundo, habló casi despectivamente de los evangelistas del Señor como hombres sin estudios y sin habilidades de oratoria pero empapados del poder de Dios. Hombres sencillos con poder. Ciertamente mejores palabras no pudieran resumir a Alfonso Guevara, un apóstol para la España de hoy. Encontrarse con él es conocer un corazón abierto, sentir la calidez por un poder interior.

Reconocible por un pequeño bigote y un cuerpo delgado, Alfonso tiene un porte alto poco usual, por su descendencia hispana, y unas pocas canas que disimulan sus 52 años. Le pregunté a un miembro de la iglesia sobre él y me dijo: "Es un hombre presto para sonreír y de ojos tiernos". Cualquiera que sea la descripción, Alfonso sigue siendo un hombre bien sencillo, nada complicado. "Nací en un pequeño pueblito en el interior de Cuba", según relata. "Éramos campesinos. Una familia muy unida. Yo era el tercero de nueve hijos". Era un niño tímido e introspectivo; Alfonso sabía poco de bueyes y de arar hasta que Dios lo llamó a los 21 años.

Al vivir y ministrar hoy en una sofisticada ciudad europea, pareciera estar fuera de lugar para un campesino despreocupado de títulos universitarios y sin mentoría en las filosofías que van apareciendo a su alrededor. Sus mensajes son sencillos, directos y rociados con sabiduría casera que a veces pareciera irrelevante a la realidad urbana. Aun así hay algo en él que atrae a la gente. Entender esa cualidad inefable es conocer el corazón del evangelista.

> Por un lado, el evangelista es una persona transformada. El Nuevo Testamento registra la transformación de Juan, el hijo del trueno, en el apóstol del amor; y el volátil e iracundo Pedro, en un hombre de estabilidad.

El cambio es una parte esencial del evangelio, y nadie puede predicar con convicción sin haber visto por experiencia propia ese poder en uno mismo.

Muchas aldeas en Cuba se asemejan a la situación que describe A. Von Harnack del primer siglo: "Todo su mundo y la atmósfera que los cubría estaba llena de demonios; no solo idolatría, pero toda forma y fase de vida eran controladas por ellos". Así era la aldea donde nació Alfonso y una de las dirigentes era su tía, ella misma poseída de demonios.

A esta fortaleza satánica llegó Tomás Ventura, un evangelista itinerante y seminarista... Ninguno sospechó el poder de su mensaje. Con su temple encaró al tenebroso residente en esta mujer exclamando: "En el nombre de Jesús, te ordeno que salgas de ella". Alfonso, con solo once años, cuenta de esta experiencia, "Estaba sorprendido. El evangelio había penetrado el centro del mal que había esclavizado a esta aldea y transformado a mi tía en una valiente testigo". En pocos días, 400 personas se congregaron para oír a este joven evangelista y poco después se construyó una iglesia en los terrenos que poseía la familia.

Quedando grabado para siempre en la mente de Alfonso el poder de Dios para liberar y cambiar vidas, siendo este un tema que domina su predicación. Así como él, su propia fe no es complicada. Alfonso ve el evangelismo en blanco y negro: una lucha espiritual entre las fuerzas del bien y el mal. "Creo que la oración es el arma más grande en evangelismo", declaró. Y él la usa. En ocasiones y de manera espontánea él ora por la sanidad de una persona o con la autoridad en el poder de Cristo demanda que salgan los espíritus malignos. Más de un escéptico empedernido se ha ido de su presencia perplejo, no por la lógica de su dialéctica, sino por el poder de su oración inclinando su cabeza en presencia del incrédulo pidiéndole a Dios que libere su ceguera mental. Al igual que el testimonio del apóstol Pablo, cuando nos dice en el Evangelio "no es solo en palabra, pero también con poder y en el Espíritu Santo con plena convicción".

Plena convicción es una descripción adecuada para un verdadero evangelista; una convicción fruto de la fe y alimentada de esperanza. Le pregunté a Alfonso cómo fue su reacción al ministrar en una cultura tan resistente luego de años de tener éxito en otros lugares. Su respuesta me desarmó.

"Evangelizar para mí es como una recreación", expresó. "De esa manera mi alma se revive y no puedo durar mucho sin hacerlo. Debo evangelizar para mantener mi vida espiritual". Le pregunté aun más: "¿Pero no te frustras con tan poca respuesta?".

Pausó por un momento para reflexionar y contestó: "Todo evangelista vive de esperanza. La promesa de Dios es que si sembramos también segaremos. No tengo duda que veremos una cosecha". Su espíritu de resistencia me recordó las tenaces

Ovejas de pelo, no de lana

palabras de Tertuliano: "Cuanto más nos cortan, más crecemos en número". De esta manera le avisaba a sus antagonistas.

Para esta entrevista, estábamos sentados en una fría y más bien triste y escasamente amoblada habitación que Alfonso usa como su estudio. Mi cuaderno estaba lleno de anotaciones y mientras había llegado a varias conclusiones me pregunté si había descubierto la clave al corazón de este hombre. Entonces me sugirió: "Pablo, ¿por qué no vamos a dar un paseo? Quiero enseñarte algo".

A unos pocos kilómetros habíamos llegado a una concentración enorme de edificios de apartamentos. "Ayer", me comentó Alfonso, "caminé por toda esta sección. ¿Sabías que más de 200.000 personas viven aquí? Y sé que no hay cristianos en toda esta zona". Ya con voz emocionada, "Pablo" preguntó, "¿Qué vamos a hacer al respecto?". Lo miré a los ojos; estaban llenos de lágrimas. Supe entonces, que había encontrado la respuesta.

> Por siete años he estado asociado con este sensible hombre de Dios. Juntos hemos tocado cientos de puertas y topado con muchas personas dándoles las Buenas Nuevas de Cristo.

He visto cómo se burlaban de él, incluso públicamente cuando los cultos han sido interrumpidos por hombres duros y blasfemos ridiculizándole y también al Cristo que él ama. Por todo el abuso y los años de arduo trabajo y quizá por causa de eso, esas lágrimas parecieran que estuvieran marcadas en su rostro. He aquí un hombre que ama a la gente. La ternura salta de cada acción de él. Y a través de esa compasión Dios encarna su amor.

A mi madre, María

Ese título puede sonar religioso y hasta católico; es curioso que el auto corrector de Word (programa que uso para escribir esto) me pida que ponga "madre" con mayúscula. Pero es que mi madre se llamaba María y como madre y persona, sin duda alguna, era mayúscula y debo hacer mención de ella, acaso, un breve tributo pues la verdad es que sin ella no estaría aquí para contarlo.

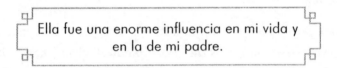
Ella fue una enorme influencia en mi vida y en la de mi padre.

Ya sabemos el dicho, "Detrás de un gran hombre, hay una gran mujer"; y eso es cierto de mi madre. Ella era la espina dorsal de nuestra familia, el motor de mi padre. De hecho, mi padre era muy miedoso, dicho por el mismo, y mi madre era en el argot cubano "muy echada pa'lante". Era la que nos infundió como familia latinoamericana y cubana a descubrir y conquistar España. Era orgullosa de sus raíces cubanas y por supuesto españolas, pues sus abuelos eran oriundos de un pueblecito entre Asturias y Galicia llamado Ribadeo. Dije descubrir porque ella fue quien nos llevó a buscar nuestras raíces españolas luego que viéramos la serie televisiva *Raíces* del autor Alex Haley en la década de los setenta.

Fue una mujer de profundas convicciones cristianas y, debo agregar, también patrióticas. Nos inculcó a mi hermana y a mí a amar nuestro abatido y castigado país, la patria de José Martí, estando lejos de ella pero no desconectados. Su tía Yaya, cuando era niña, la bautiza con el nombre de Mery (pronunciación de María en inglés) y así siempre fue conocida por todos.

Conoce el evangelio a temprana edad, siendo una adolescente, y al poco tiempo decide ir al Seminario para servir al Señor. En el Seminario, fundado y regido por misioneros norteamericanos conoce a un joven apuesto, se enamoran y se casan. Luego de sus estudios y graduación, continúan en el Seminario dando clases y más tarde plantan su primera iglesia en la ciudad de San Antonio de los Baños.

La represión política del régimen cubano a mediados de los sesenta obliga a cerrar todas las iglesias y lugares de culto de todas las confesiones y prohíben las reuniones públicas. Muchos pastores fueron encarcelados y obligados a ir al *gulag* cubano. No así con mi padre, gracias a Dios. Al cerrar la iglesia, deciden salir del país inmediatamente por la situación tan difícil y llegamos a España como refugiados.

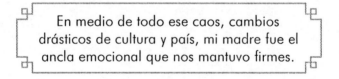

En medio de todo ese caos, cambios drásticos de cultura y país, mi madre fue el ancla emocional que nos mantuvo firmes.

Inculcó en sus hijos el amor por las Escrituras, el conocimiento de la Biblia y esas convicciones y principios que supo afianzar en nosotros en un país no solo nuevo, sino extraño, y poco amigable con los latinoamericanos. Todo esto fue la brújula que nos ayudó a perseverar y vivir una vida nueva. España nos acogió y con el tiempo trabajando en la obra, y el apoyo de mi padre, se ganó la confianza y el cariño de los hermanos. Mujer de una fe tenaz. En tiempos de vacas flacas hizo milagros con el limitado sustento misionero, para que tuviésemos ropa para el colegio. Más de una vez presencié la multiplicación de los "panes y peces" en medio de la escasez.

Era la ayuda idónea de mi progenitor pues le aconsejaba en todo tipo de asuntos. Recuerdo que era muy crítica y exigente, de los mensajes de mi padre en el buen sentido.

Siempre caminó unos pasos más atrás que mi padre, pues no era muy alta, cubriendo su retaguardia y apoyándole fielmente como esposa y compañera hasta el fin.

Ellos dos fueron mi mayor ejemplo a seguir, porque fueron siempre excelentes, entregados, abnegados, pero ante todo, pastores de carne y hueso.

18
Capítulo

¿QUÉ TENÍAN ESTOS HOMBRES QUE ERAN ÚNICOS?

Pensando en mi padre y en los grandes hombres de Dios de décadas y siglos pasados, me pregunto: ¿Que tenían estos hombres que eran únicos?

La respuesta la encontré en lo que Pablo le dijo a Timoteo:

"Porque yo ya estoy para ser **derramado como una ofrenda de libación** *y el tiempo de mi partida ha llegado"* (2 Timoteo 4:6, LBLA, énfasis añadido).

Si alguien sabía lo que es *derramar su vida como ofrenda de libación* era Pablo. En ocasiones le habían pegado, apedreado, dado por muerto, naufragado, encarcelado, azotado, escupido, insultado y otros males más.

El peor de los sufrimientos que tuvo que soportar fue cuando sus amigos, sus allegados, sus colegas lo abandonaron: *"En mi primera defensa ninguno estuvo a mi lado, sino que todos me desampararon; no le sea tomado en cuenta"* (2 Timoteo 4:16) ¡Qué difícil es eso en el ministerio y en la vida!

El ministerio de Pablo era como una "ofrenda de libación", una ofrenda derramada al Señor.

¿Qué era una ofrenda de libación? Era una ofrenda en sacrificio líquido. Consistía en derramar vino o licor costoso en honor a los dioses (contexto pagano en los tiempos romanos).

En Números 15 simbolizaba consagración, sacrificio, y era una ofrenda voluntaria. Sacrificio porque se derramaba medio litro de vino muy caro junto con una ofrenda. Se derramaba en el suelo y era para Dios. El mismo principio y acción ocurrió cuando la mujer derramó el perfume sobre la cabeza de Jesús, relatado en Marcos 14:3-9.

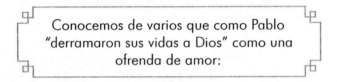

Conocemos de varios que como Pablo "derramaron sus vidas a Dios" como una ofrenda de amor:

Dietrich Bonhoffer, pastor y líder en la Alemania nazi que rehusó inclinarse al sistema y a la teología diabólica de Hitler, sufriendo torturas por causa de Cristo: *derramó su vida como una ofrenda de amor.*

Conocí en las Islas Canarias, hace casi 40 años, acerca de una misionera inglesa soltera que llevaba 20 años de labores en la isla de La Gomera, predicando y dando testimonio del evangelio y tan solo tenía un puñado de diez a quince creyentes después de tanto tiempo: *derramó su vida como una ofrenda de amor.*

Recuerdo la película "Carros de Fuego" (*Chariots of Fire*) basada en la vida de Eric Liddell, un atleta escocés que corrió y ganó la medalla de oro rompiendo el record mundial en las

¿Qué tenían estos hombres que eran únicos?

Olimpiadas de 1924. Regresó a la China donde había nacido como misionero. Ministró y viajó por muchos lugares en bicicleta. En el año 1943 lo metieron preso en un campamento japonés junto con americanos e ingleses. Un tumor cerebral lo consumió a los 43 años de edad y sus últimas palabras a una enfermera fueron, "Es (cuestión de) rendirse completamente". *Derramó su vida como una ofrenda de amor.*

John Wesley quien fundara la Iglesia Metodista, como sabemos, viajó durante 40 años a caballo unas 250.000 millas (402 mil kilómetros) predicando el evangelio. Predicó 40.000 sermones. Escribió 400 libros. Sabía 10 idiomas. A los 83 años de edad le molestaba que no pudiera escribir más de 15 horas diarias sin que le molestara la vista. A los 86 se avergonzaba de que no pudiera predicar más de dos veces diarias. La prensa lo criticó, le robaron, le escupieron, etc.: *derramó su vida como una ofrenda de amor.*

Una de mis heroínas es Corrie ten Boom. Si recordamos fue criada en una familia holandesa de fieles creyentes en Cristo. Su padre relojero y toda la familia se unieron al movimiento antinazi para esconder y proteger judíos durante la ocupación nazi de Holanda. Lograron salvar muchas vidas. Fueron descubiertos y llegaron a parar a un campo de concentración donde murió su hermana Betsy. Ella milagrosamente salió de aquel infierno por un error y después de la guerra siguió ayudando a víctimas del Holocausto. Después fue por todo el mundo predicando el evangelio y contando su testimonio: *derramó su vida como una ofrenda de amor.*

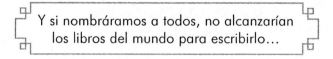

Y si nombráramos a todos, no alcanzarían los libros del mundo para escribirlo…

Por esto concluyo reconociendo que tuve el enorme privilegio de ver con mis propios ojos —hasta la edad de 20 años— cómo mi padre Alfonso Guevara se entregó en alma y cuerpo a la obra de Dios en España. Fui con él muchas veces de puerta en puerta (como conté en el capítulo anterior) por esos edificios de apartamentos en Madrid donde muchas veces le cerraron la puerta en la cara. En otras ocasiones se burlaron de él cuando predicaba al aire libre. Cuando no le encontrabas en la iglesia haciendo algo o en su oficina estudiando y elaborando el mensaje, estaba en casa de una familia ayudándoles. Un cáncer interrumpió su ministerio y su vida pocos meses después de habernos casado Alina y yo: *derramó su vida como una ofrenda de amor.*

> ¿Qué o quién motiva a estas personas? ¿Qué tenían estos hombres y mujeres que los hacían únicos? Sin duda alguna su motivación y empuje era Cristo como el máximo ejemplo de lo que es una "vida derramada": "...por cuanto derramó su vida hasta la muerte..." (Isaías 53:12).

Concluyo con este poema que ha resonado en mi vida por varias décadas desde que lo oí declamado por el mismo autor, Rodolfo Loyola:

Así quisiera amarte

¡Así quisiera amarte!
Con la misma pasión que los amantes
que por primera vez se besan.
Así quisiera amarte,

¿Qué tenían estos hombres que eran únicos?

despojado de toda mi bajeza;
que me broten del alma, como a un niño,
las palabras bañadas de inocencia.

¡Así quisiera amarte!
En la lucha titánica y tremenda
por arrancar del corazón humano
el odio, el egoísmo y el holocausto inútil de la guerra.
¡Así quisiera amarte!
En el camino ascendente donde tantos te dejan,
en el afán de verte convertir en alfombras las piedras.

¡Así quisiera amarte!
Como Saulo de Tarso, con los pies en cadenas,
y esperando de Nerón la bárbara sentencia.
¡Así quisiera amarte!
Como el joven Daniel,
a ti sonriendo entre un rugir de fieras,
o bendecirte con el último aliento
como el mártir Esteban.

¡Así quisiera amarte!
como el patriarca Abraham; con el cuchillo en alto,
dolorido y sin fuerza,
pero dispuesto a hundirlo sobre lo más querido
si tu voz me lo ordena.
¡Así quisiera amarte!
En esas diez centellas de tu ley,
que matan, dan vida y atormentan;
hacer de mi cerebro un Sinaí
y de mi alma y corazón
dos tablas que pregonen tu existencia.

¡Así quisiera amarte!
Cuando los sabios y filósofos, para negarte,
se llenan de soberbia
y te niegan en el Cristo infinito,
en la materia indestructible,
en la casualidad acaso;
decir yo como Arquímedes: ¡Eureka!
Te he encontrado en la vida y en la muerte,
hasta en la inteligencia misma que te niega,
y orgulloso mostrarte palpitante
en cada una de mis células.

¡Así quisiera amarte!
entre montañas de volúmenes
de sugestivos títulos y materias diversas,
para rendirle culto a la moral, a la razón, la inteligencia,
y a ti, la causa de las causas, te desechan.
Y al saberme entre tanta aparente abundancia
de comidas espléndidas,
postrarme a tus pies rendido
a esperar las migajas de tu mesa.

¡Así quisiera amarte!
Como Tú me has amado:
Sediento, maldecido, con espinas y clavos,
diciendo con el precio de la sangre:
¡Te amo, sí, te amo!

¡Así quisiera amarte!
Mas, si la fe me falta,
si soy débil cual Pedro te niego,
vuelve, Señor e inquiéreme:

¿Qué tenían estos hombres que eran únicos?
"¿Me amas?".
Y al saberme llorando me dirás como a Pedro:
"Apacienta mis corderos".

¡ASÍ, SEÑOR, ASÍ QUISIERA AMARTE!

(*Poemas del primer amor, pie y ala*, Rodolfo Loyola.)

Notas

Communicating for a change, Stanley & Jones, Multnomah.

http://www.lifeway.com/Article/Research-Survey-Pastors-feel-privileged-and-positive-though-discouragement-can-come

"David and Goliath", Malcolm Gladwell, Little, Brown and Company, 2013.

Wall Street Journal *"How much is your favorite college-football team worth?"*.

Revista Forbes, junio de 2015.

Para esta sección usé la siguiente bibliografía:

The Word Study New Testament (Tyndale); Nuevo Testamento Interlineal Griego-Español, Francisco Lacueva (CLIE); The Expositor's Bible Commentary, Frank Gaebelein, Vol II (Regency Reference Library); Be Faithful, Warren Wiersbe (Victor Books); Pastores de Promesa, Jack Hayford (Unilit); Comentario Bíblico, William MacDonald (CLIE); Concordancia Exhaustiva de Strong (Caribe).

The Christian Counselor's Manual, Jay Adams, Zondervan 1973, p. 23.

Artículo - Steven Berglas: *content.time.com/time/magazine/article/0,9171,155819,00.html*

The work life of a leader, vía satélite, 18 de marzo de 2006.

"El amor debe ser firme", James Dobson, Vida.

Power of Preaching, *Preaching* Magazine, March - April 1989, Preaching Press.

http://online.wsj.com/articles/children-put-mom-and-dad-on-a-first-name-basis-1414609230

Hombre machista que vive de su mujer o mujeres.

My quest for an evangelist's heart): (Harvest Today, A Worldteam Publication / April - June 1979, pp. 4-5.

CIBERGRAFIA

http://www.pastoralcareinc.com/statistics/

<http://70030.netministry.com/apps/articles/default.asp?articleid=36562&columnid=3958>

http://70030.netministry.com/apps/articles/default.asp?articleid=36562&columnid=3958

<http://www.ministryinstitute.org/files/22/TRAGEDY%20STATISTICS.pdf>
www.ministryinstitute.org/files/22/TRAGEDY%20STATISTICS.pdf

<https://www.ministrymagazine.org/archive/2014/07/nine-secrets-to-avoid-a-pastoral-burnout>

https://www.ministrymagazine.org/archive/2014/07/nine-secrets-to-avoid-a-pastoral-burnout

http://www.pastorburnout.com/pastor-burnout-statistics.html

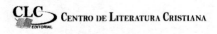

EDITORIAL CLC
Diagonal 61D Bis No. 24-50
Bogotá, D.C., Colombia
www.clccolombia.com